A Manlio e Giuseppina

Introduzione

LA LINGUA È MOBILE (E BASTARDA)

Valerio Magrelli

I

Partiamo da lontano: per provare a capire che cosa rappresenti *Slangopedia*, il volume che Maria Simonetti ha messo a punto nel corso di oltre quindici anni, potremmo cominciare da una battuta di Francesco Bruni, docente di Storia della Lingua Italiana all'Università Ca' Foscari di Venezia. A suo parere, le più recenti indagini sulla storia dell'italiano dei secoli scorsi hanno mostrato che, "accanto alla lingua corretta dei pochi e al dialetto dei più, nel corpo sociale erano largamente diffuse forme di espressione compromissorie, impure, bastarde quanto si vuole, nelle quali un conato di italiano si mescolava con realizzazioni dialettali o regionali". Malgrado le opinioni di Parini, Manzoni o Leopardi (il quale riteneva, ancora nel 1821, che l'italiano non esistesse fuori della Toscana), possiamo dire dunque che la nostra lingua abbia agito a livello nazionale da oltre duecento anni. Da qui l'efficace conclusione di Bruni, che per stilare un bilancio dell'italiano ha scelto di parafrasare Galilei, affermando perentorio: "Eppur si parla".

Davanti a tante variazioni storiche, come rispetto a tante screziature della lingua odierna, alla domanda se ciò che si parlava e si parla oggi sia la lingua corretta dei pochi o il dialetto dei più, occorrerà pertanto replicare ribadendo l'esistenza di forme espressive, largamente diffuse nel corpo sociale, la cui definizione mi sembra possa applicarsi anche agli attuali linguaggi giovanili (tanto più in forza del loro radicamento in una dimensione locale). Mi riferisco agli aggettivi *compromissorie*, *impure* e *bastarde*. Sono appunto queste, le caratteristiche dell'idioma, effimero e mobile per antonomasia, che le pagine di *Slangopedia* hanno cercato di testimoniare. Interpellando direttamente teen-ager e adolescenti, Maria Simonetti ha estratto dalle loro esperienze verbali un lessico speciale, elaborato appunto per costruire e difendere un'identità se non altro anagrafica. Battuta per battuta, tanto vale allora proporne una seconda, modificando un motto altrettanto celebre, ma in questo caso verdiano: "La lingua è mobile".

A dirlo questa volta, potrebbe essere (perché non lo è certo stato), nientemeno che Ferdinand de Saussure. Il padre della linguistica moderna tentò infatti di descrivere la natura metamorfica dell'universo verbale grazie a una serie di suggestive analogie. Così si spinse a scorgere nella lingua ora una sinfonia che esiste indipendentemente dagli errori di esecuzione, ora un gioco come gli scacchi, le cui le regole sopravvivono a ogni singola mossa; ora una pianta, che trae alimento dall'esterno, ora una moneta, che passa di mano in mano; ora la vastità del mare, la cui massa profonda si increspa in superficie a contatto dell'aria, ora un fiume inarrestabile; ora un contratto, ora un'algebra; ora un esercito nel vivo della battaglia, dove i rincalzi subentrano a chi cade, ora un abito rattoppato con la sua stessa stoffa...

Fermiamoci su quest'ultima visione. Potremmo pensare al mantello di Arlecchino, ma forse Gilles Deleuze avrebbe preferito un riferimento al patch-work. Vada allora per questo termine anglosassone, che denota un mirabile dispositivo tessile, intreccio a prosecuzione infinita o a raccordo multiplo, capace di raffigurare a perfezione il senso di mobilità e di ininterrotta rinascita propria della lingua.

II

Ma veniamo adesso a qualche informazione di ordine generale. A partire dal secondo dopoguerra, le indagini sul linguaggio giovanile sono andate via via intensificandosi. Basta visitare il sito *LinguaGiovani* dell'Università di Padova per imbattersi in centinaia di titoli. Convegni, riviste, ricerche sul campo e monografie si sono succeduti, fino alla fondazione di bizzarre associazioni. Nel 1992, per esempio, alcuni studiosi di Storia della lingua italiana si sono raccolti intorno alla cattedra di Luca Serianni presso l'Università "La Sapienza" di Roma, dando vita alla cosiddetta "Accademia degli Scrausi" (cioè "sciocchi", parola rintracciata nella confessione autografa di una strega che, per sfuggire al supplizio, si uccise in un carcere del contado romano nel 1527, anno del celebre Sacco). È in questo quadro che, il 19 novembre 1998,

"L'Espresso" pubblica un'inchiesta di Maria Simonetti intitolata *Parliamoci in under 18*, con un box dedicato alle nuove parole dei giovani di fine millennio.

Visto il successo incontrato, l'iniziativa è proseguita negli anni seguenti, trasferendosi sul neonato sito del settimanale e invitando i più giovani a collaborare a un "dizionario on line autocompilato". Nell'intento di ampliare il più possibile il suo schedario, la curatrice offriva ai partecipanti l'occasione di proporre, attraverso esempi, una scelta di parole tratte dal loro gergo quotidiano, con la preghiera di specificare età e luogo di provenienza. Lei stessa, in un'intervista, dichiarava: «Ho ricevuto migliaia di mail con parole e frasi di tutti i tipi e da dovunque. Le ho scremate e messe in rete, ripulendole il meno possibile, finché nel 2001 è nata *Slangopedia*, sul sito dell'"Espresso"». Praticamente, dal 2000 a oggi, questa specie di tesoretto si è autoalimentato con le mail dei lettori. Bisogna aggiungere che anche Wikipedia menziona a tutt'oggi la voce *Slangopedia*, come "un vocabolario on-line di espressioni gergali, colloquiali e giovanili della lingua italiana curato da Maria Simonetti e aggiornato ogni due settimane con le nuove segnalazioni inviate dai lettori alla redazione".

Un'altra data importante per lo studio del gergo giovanile italiano è il 2004, anno in cui Renzo Ambrogio e Giovanni Casalegno pubblicano presso la Utet *Scrostati gaggio. Dizionario storico dei linguaggi giovanili.* Nella loro nota bibliografica si legge: "Questo dizionario utilizza due terzi delle voci presenti sul sito *Slangopedia*". Il resto, lo si è detto, è un mare magnum di interventi: l'ultimo arrivato in libreria, nel dicembre 2014, è *Una lingua per crescere. Studi sui linguaggio giovanili,* di Lorenzo Coveri, docente di Italianistica all'Università di Genova, edito da Cesati in collaborazione con l'Accademia della Crusca. Sia chiaro, a differenza di quest'ultimo, quello di Maria Simonetti è il lavoro di una giornalista, non di un'accademica; l'opera di chi dissoda un terreno vergine, anzi incolto, o per meglio dire, perennemente vergine, come ci insegnano le inattese similitudini proposte da Saussure.

Chiuderei perciò questo capitoletto con alcune note di Giuseppe Antonelli, docente di Linguistica Italiana presso l'Università di Cassino. In un suo saggio su questo specifico tema, si fa riferimento a Massimo Arcangeli, docente di Linguistica Italiana presso l'Università di Cagliari, secondo cui, più ancora che di linguaggio giovanile, si dovrebbe parlare di un "paralinguaggio". Al suo interno, anche gli elementi dialettali andrebbero riportati a un uso consapevole, in chiave ludica e creativa, tanto da potersi addirittura definire come "une maladie bourgeoise". Antonelli passa poi a osservare come la consistenza di tale gergo si riduca soprattutto al lessico, lessico limitato a una ristretta gamma d'argomenti (la scuola, l'amore, il sesso, la musica, lo sport, i motori o la droga) e caratterizzato da pochi procedimenti che ritornano uguali in tempi e luoghi diversi (con abbreviazioni, usi figurati, enfasi, internazionalismi e pseudo-internazionalismi). Se a parere di Edgar Radtke, professore all'Istituto di Filologia Romanza di Heidelberg, il dialettalismo servirebbe solo a staccarsi dal lessico degli adulti, rafforzando il sentimento del voler essere diversi, più in generale il linguaggio giovanile andrà considerato come una varietà di lingua usata dai giovani di qualunque estrazione sociale, soprattutto da quelli scolarizzati: "Una varietà essenzialmente *diafasica*, che – nata dall'esigenza di rendere più personale e colorita la conversazione fra coetanei – è apparsa in Italia soprattutto a partire dagli anni Sessanta, quando la realtà giovanile si è imposta come componente autonoma e identificabile della società".

III

A questo punto, però, sarà opportuno dire qualcosa sulle parole presentate da questa *Slangopedia*. Descritte brevemente, e per lo più attraverso alcuni campioni d'uso, le espressioni dei ragazzi italiani si differenziano ovviamente per molte varianti, fra cui classe sociale, provenienza geografica, età. Ma eccone qualcuna particolarmente vivace.

Si comincia dal modello francese del *verlan*, cioè un gergo caratterizzato da composti ottenuti per inversione sillabica (lo stesso termine *verlan* significa *à l'envers*, ossia "al contrario"). Troviamo allora zaca (casa), drema (madre), nogra (grano), sgrone (negro), sgafi (sfiga). Si passa poi agli acronimi, con ALEF (Alto Lungo E Fesso), CTM (Cazzi Tuoi Mai. Es: "*Che hai fatto a scuola?", "Ma ctm?")*, l'anglismo MILF (Mother I would Like to Fuck, che vale per "mamma giovane che mi farei volentieri"), o il napoletanissimo MOM

(Emme-o-emme, detto di cosa non di marca comperata per strada: "Miezz' O Mercato"). Assai ricco anche l'ambito delle abbreviazioni come RERE (dal latino "relata refero"), delle contrazioni tipo TRANQUA/TRANQUI (per tranquillo o tranquilla – sì, perché l'aggettivo deve concordare con genere e numero!) o delle crasi quali VAITRA (Vai tranquillo), per non dire dell'esotico JAMAIRO (*Già m'hai rotto,* alludendo altresì al gruppo musicale Jamiroquai).

Curioso è trovare riprodotta la teoria di Roman Jakobson sulle due direttrici dei segni verbali: una basata sulla sostituzione di certe entità (metafora), l'altra sulla loro combinazione (metonimia). Il primo campione è offerto dalla definizione del profilattico, che suggerisce, oltre a equivalenze prevedibili con sostantivi quali PIGIAMINO o IMPERMEABILE (variante dell'espressione francese "capote anglaise"), il pittoresco e più recente DOMOPACK. Quanto al secondo caso, lo troviamo invece perfettamente rappresentato nella sineddoche ZAINETTO, dove la figura che indica "la parte per il tutto" viene qui applicata all'oggetto inseparabile da ogni ragazza iscritta a una scuola superiore.

Assai interessante anche il trattamento dei nomi propri (altro campo di studio prediletto da Jakobson). La prima differenza da osservare al riguardo, è l'elemento prescelto, ora individuato nel significato, ora nel suono (secondo procedimenti tipici del *cockney*). Avremo allora da una parte GUIDO (nome generico per designare l'autista dei bus. Es: "*Ehi, hai saltato la fermata, Guido!*"), dall'altra BAGLIONI (*"Fare come il Baglioni che si leva dai coglioni"* = Si usa come un commiato quando si sta per andar via) o anche JACK (detto di cosa da restituire: "*Vedi questa penna? Si chiama Jack, fa il servizio e torna back").* Interessante notare qui l'aggiornamento del vecchio vocabolo PIETRO ("Si chiama Pietro e torna indietro"), a riprova dell'incipiente anglicizzazione dell'italiano – tanto più di quello giovanile, esposto a media intrusivi quali rete, video musicali, cinema, playstation. Rientra in questa rubrica BOGARTARE, per descrivere qualcuno che trattiene troppo tempo lo spinello, fumandoselo quasi tutto invece di farlo girare tra gli amici. Tratto dalla canzone di Willie Nelson, *Don't bogart that joint, my friend, pass it over to me (*colonna sonora del film *Easy Rider),* il verbo allude all'attore Humphrey Bogart, che usava tenere la sigaretta perennemente in bocca penzolante dalle labbra. Per inciso, lo stesso comportamente egoistico viene stigmatizzato dall'espressione MANGIARE IL POLLO, forse per via dell'alta vischiosità delle mani che si manifesta dopo aver banchettato con tale pietanza. Si usa per far notare a un amico che è giunta l'ora di passare la canna, invece di trattenerla…

E i nomi italiani? Oltre a quelli ereditati dall'antonomasia televisiva (FARE IL TARICONE = pavoneggiarsi, da Pietro Taricone, protagonista del primo *Grande Fratello*), troviamo reliquie del passato, come FARE IL VINCENZO = fare il finto tonto (e si ricordi la canzone *Vincenzo io ti ucciderò*, di Alberto Fortis). La voce più pittoresca resta però PASQUALONE, usato nel salernitano in riferimento al casco da moto in versione jet.

Ma concludiamo questa panoramica con le formule più icastiche e ingegnose. Diciamo la verità: bisogna ammettere che, in questo campo, la Campania la fa da padrona. Basti pensare a SCELLONE (persona molto alta, le cui ascelle risaltano prepotenti) o a KINDER CEREALI (ragazzo con molti brufoli). Anche Roma si difende, con ER MOKA (dal nome della caffettiera, rievocato per accennare a qualcuno che russa forte), alla pari di Bari e del suo LIMONE (il tipo che si circonda di cozze, ossia donne bruttine e appiccose), di Genova e dell'iperbolico MISTO SCOGLIERA (come sopra), del bel GARZARE di Prato (provarci con una ragazza, cominciando a girarle intorno), nonché della cruda CALCINA anconetana (per accennare alla cocaina). In ultimo, il generico T-REX (pronuncia "tirèx"), per tirchio. Probabilmente, spiega la mail di chi ha proposto la parola, l'origine è duplice, e dipende sia dall'assonanza con "tirato" (con il significato di avaro), sia con il fatto che quel dinosauro presentava gli arti superiori poco sviluppati (braccino = taccagno).

Questa gragnuola di testimonianze mi ha fatto pensare all'immagine proposta da un noto antichista alle prese con documenti proto-cristiani. Talvolta, osservò Peter Brown, l'ascolto di una voce proietta il lettore nel cuore della lingua, mentre la comparsa dei documenti nel pieno delle indagini lo sorprende "come l'improvviso battere della grandine sui vetri". (E qui, per affinità disciplinare con il grande studioso irlandese, non posso trattenermi dal violare la privacy, rivelando che l'autrice è figlia di uno fra i nostri massimi filologi classici, ossia Manlio Simonetti).

IV

Siamo così alle conclusioni su questa agile incursione nell'universo lessicale dei ragazzi al tempo dei Co.Co.Co (in attesa della versione Jobs Act). Se Giuseppe Gioachino Belli amava paragonare la ricchezza della lingua romana a "un magazzino de dogana", questa agevole *Slangopedia*, pur nel suo intento puramente documentario, non potrà che accrescere tale impressione di sgomento, rispetto all'immensità di quei magazzini verbali che assicurano la comunicazione nelle società tecnologizzate. Ovviamente, ciò non vuol dire avallare la perfida insinuazione di Ambrose Bierce, che vedeva nel dizionario un "maligno stratagemma letterario per arrestare lo sviluppo di una lingua rendendola rigida e astratta". Tutt'al contrario, il volume di Maria Simonetti intende solo offrire una panoramica e al contempo un vademecum delle espressioni linguistiche giovanili. Chissà, forse al momento dell'uscita di questo testo, alcune fra le parole presenti già saranno scomparse come la luce delle stelle morte, mentre altre si saranno appena fatte strada nei nuovi gerghi *in fieri*. Comunque sia, lunga vita alla lingua, mobile, impura e bastarda.

Roma, 20 dicembre 2014

BELLA, MA'!

MARIA SIMONETTI

Quando noi tre figli eravamo piccoli, negli anni Sessanta, a pranzo e cena i nostri genitori, entrambi professori universitari, tra loro parlavano in latino. E non solo per non farsi capire da noi.

Purtroppo mia madre era un'appassionata e il suo sogno era, prima o poi, di parlare in latino anche con noi figli. Per insegnarcelo bene, dunque, non appena arrivammo al Liceo Classico cominciò a infliggerci ogni pomeriggio terrificanti lezioni articolate su un esercizio tanto arduo quanto, secondo lei, fondamentale: tradurre dal latino, e dal greco, senza mai guardare il vocabolario.

«Ti devi sforzare di arrivare al significato da sola: l'italiano deriva dal latino, quindi cerca la radice del termine, usa il cervello e ci arriverai» ripeteva implacabile mia madre, tenendomi inchiodata al trumeau-scrivania della sua camera da letto. E dal momento che, finché non trovavo questa benedetta radice da cui avrei dedotto tutto il resto, non c'era verso di alzarsi dalla sedia, alla fine il meccanismo mi è entrato in testa.

Così a fondo da aver determinato dentro di me un riflesso automatico: ormai appena sento una parola o una forma verbale che non conosco, zac! il cervello si illumina come la lampadina di Eta Beta e non posso fare a meno di cominciare a vivisezionarla, analizzarla e farla a pezzettini per risalire al significato.

Se la ricorda bene anche mio cugino Giovanni, avvocato e scrittore, quella zia prof di latino e greco che traduceva per telefono e, incontrandolo a passeggio in villeggiatura, a bruciapelo lo interrogava: «Acrobata?», «Chi va in alto», rispondeva lui «da *acros* e *baino*». «E catabasi?», insisteva lei, perfezionista. «Discesa, da *kata* e *baino*», Giovanni non perdeva un colpo.

Potenza della radice.

Però alla fine, *incredibile dictu* (avrebbe detto mamma), grazie a quelle versioni senza vocabolario ho imparato la curiosità per la storia delle parole, la cura necessaria a sceglierle e metterle una vicino all'altra senza che stridano, l'amore per il "lavoro di lima" che trasforma segni grezzi in perle levigate.

E scrivere, da giornalista, è diventato il mio mestiere.

In quasi trent'anni come redattrice a "L'Espresso" nei settori società, cultura e spettacolo mi sono occupata anche di giovani e comportamenti giovanili e nel 1998 scrissi un'inchiesta sul loro linguaggio, intitolata "Parliamoci in under 18". Intanto era arrivata la rivoluzione di Internet, i computer avevano spazzato via le macchine da scrivere, l'informazione stava per debuttare on line. Quando nel 2000 anche a noi dell'"Espresso" fu chiesto di tirar fuori idee e contenuti per allestire il sito del giornale, io misi in rete l'inchiesta sul linguaggio, oltre a un piccolo vocabolario di neologismi suggeriti da mio nipote diciottenne, a cominciare dal mitico BELLA! che i ragazzi cominciavano a usare per dire ciao.

E mi venne un'idea: sfruttando la reciprocità e la capacità di interagire di Internet, perché non provare a chiedere direttamente ai ragazzi di mandarmi via mail le loro parole, quelle che usano ogni giorno per non essere comprensibili ai più e cementare invece la loro identità di gruppo? Così aggiunsi al mio piccolo vocabolario un invito aperto ai giovanissimi, per contribuire a proporre nuovi termini e modi di dire. Chiarendo che sarebbero state prese in considerazione solo mail firmate con nome, cognome, età, città di provenienza.

Delimitando bene il campo pensavo di mettermi al riparo da grafomani e perdigiorno. Invece no. Cominciò ad arrivare una valanga di mail: ma insieme a più e meno giovani studenti, scrivevano adulti emigrati in Australia e Sudamerica, che rievocavano con nostalgia i vocaboli della trascorsa gioventù paesana; ex alpini che offrivano improbabili elenchi in veneto stretto; pubblicitari, maestre e professori ansiosi di esibire studi e tesi di laurea; genitori che orecchiavano il parlare dei figli e scrivevano al posto loro. È arrivato un contributo persino da un signore di 86 anni di Treviso, «dialettologo e collaboratore del Vocabolario Zingarelli», come si definì nella mail.

Intanto il materiale cresceva e nel 2001 nasceva ufficialmente, sul sito dell'"Espresso", *Slangopedia*, vocabolario in rete di espressioni e slang giovanili, aggiornato da me ogni due settimane.

Con criteri molto semplici: no a parole volgari e oscene, da PASSARE LO STRACCIO (fare sesso orale con una donna), espressione proveniente da Alessandria, a SBORONE, vocabolo supergettonato arrivato da tutte le regioni d'Italia, isole comprese; no a quelle troppo dialettali, perché tradiscono un mittente non giovane ma travestito; no a quelle platealmente finte o semplicemente brutte. Come le espressioni TUMORINA (sigaretta), o CHE 180! (che matto sei!), battuta di cattivo gusto e certo non in uso tra ragazzi che nel 1971, quando la legge 180 decretò la chiusura dei manicomi in Italia, non erano ancora nati. O ancora l'espressione MUOVITI FERMO! che vorrebbe dire sta' fermo: nella mail che la propone manca sia l'età del mittente che il luogo di provenienza, sarà mica una bufala?

Neologismi doc, al contrario, ho considerato quelli ripetuti più di una volta (TAGLIARSI = divertirsi è segnalato da più regioni), quelli derivati dall'inglese, da Internet, dalla musica. E tutte le parole che "suonano" vere.

Perché quello che ho sempre cercato di rispettare nella *Slangopedia* – e soprattutto in questa nuova versione cartacea, rivisitata e aggiornata – è stata la fedeltà al testo delle mail originali mandate dai ragazzi. Nella stesura delle voci ho mantenuto il più possibile le loro definizioni e spiegazioni, i costrutti e gli esempi, senza nulla aggiungere o cambiare. La particolarità di questo dizionario sta nel fatto che è autocompilato: la scelta delle parole è stata libera da parte dei ragazzi, non indotta o pilotata da università, centri studi, sondaggi o uffici marketing.

Dunque sono parole che dipingono dal vero la vita quotidiana, i sogni, i desideri e le ansie dei giovanissimi di oggi. Del resto, se molti di loro hanno scelto di rappresentarsi con l'espressione "marinare la scuola" o la parola CANNA/SPINELLO delle quali sono arrivati sinonimi a iosa, e nessun ragazzo invece ha proposto, mettiamo, PREDICIOTTESIMO – orrido neologismo oggi in voga per indicare il video autopromozionale e fintissimo che i ragazzi si fanno finanziare dalle famiglie come regalo per i 18 anni e poi mettono in rete – già questo, credo, dice di più di tanti autorevoli saggi.

Roma, 20 dicembre 2014

SLANGOPEDIA

Dizionario dei gerghi giovanili

A

a bomba

Moltissimo, in grande quantità [Roma]. sin.: **a cannone**, **a linea di fuoco** [Sicilia], **a palo** [Settime-Asti], **a rotella** [Perugia].

a una certa

A un certo punto, ma senza dire quando [Roma].

abbozzarsi

Pomiciare, limonare con grande impegno e passione. *Guarda quei due come si abbozzano!* Verbo non riflessivo ma reciproco.

abbrodirsi

Dormire, rilassarsi, distendersi. sin.: **attassarsi, camomillarsi.**

abbummato

Troppo fatto, fumato, da dormire in piedi. Come se avesse una **bomba** (spinello) in testa. [Abruzzo, Sicilia]. sin.: **tartarugato** [Calabria].

accannare

Lasciare, mollare, chiudere con il/la ragazzo/a. ◆ **accannarsi** Fumarsi una canna, uno spinello. [Basilicata].

accavallata

Ragazza vanitosa, tutta acchittata.

accollarsi

Annoiare, insistere, seccare in maniera fastidiosa. Letteralmente, mettersi sul collo. *Quanto t'accolli! T'accolli una cifra! Che accollo! Sei proprio un accollo.* [ROMA].

airbag

Le tette delle ragazze. Quelle gonfie ed esplosive come il pallone dell'airbag. [ROMA].

alef

Alto lungo e fesso (acronimo). Persona dotata di alta statura e poco cervello. [TARANTO].

allampare

Riempire di schiaffi una persona [POZZUOLI]. SIN.: **imbruttire** [ROMA].

allattiare/allattiarsi

Andare in estasi per qualche frase o gesto altrui che è piaciuto particolarmente. *Mi ha fatto allattiare con quel calcio di punizione.*

allezzito

Persona povera ai minimi termini. *Sei un allezzito* indica una persona avara, con gli altri o con se stesso. [LIVORNO].

allipparsi

Baciarsi molto appassionatamente con la lingua. Dall'inglese "lip" (lingua). [CATANIA].

allokare

Dare un'occhiata. Dall'inglese "to look" (guardare). Anche dall'assonanza con l'allocco, uccello che sta lì e guarda. [BOLOGNA].

alzare

Avere rapporti sessuali. *Me lo sono alzato,* me lo sono fatto. Vuol dire anche rubare. [GENOVA].

amica + / amico +

Persona con cui si hanno saltuariamente rapporti sessuali ma senza impegno sentimentale [ROMA]. SIN.: **trombamica/trombamico**.

ammallorato

Non in forma, più che ammalato [CAGLIARI].

ammazzare

Finire la sigaretta/canna, fare gli ultimi tiri. Come i primi, sono i migliori. [MILANO].

amminchialire

Rimanere di stucco, stupefatti, spiazzati. Anche riflessivo **amminchialirsi**. *Ma ti sei amminchialito?* [CATANIA]. SIN.: **ammummiarsi** [TRANI, PUGLIA], **ammatupirsi** [UMBRIA].

anche no / ma anche no

Né sì né no. Il contrario di ok. *Si va al cinema? Ma anche no*. Per restare sul vago, indica una possibilità imprecisa.

ape

Aperitivo. SIN.: **aperio** [MILANO, FIRENZE].

apericena
Aperitivo con cena, che dura fino alle 22/23 [ROMA].

appalazzare
Mettere le tende, rimanere a lungo, piazzarsi. *E adesso che sei arrivato non ti appalazzare.* [MOLISE]. SIN.: **accozzarsi**, **accollarsi**, **appatellarsi** [ROMA, NAPOLI].

appallozzarsi
Riposare in posizione fetale, quasi chiudendosi in un bozzolo a sfiorare lo stato larvale. *Quando pozzo m'appallozzo, spesso pozzo!* [TERNI].

apparecchiarsi
Prepararsi con un look che sfocia nell'eccessivo [NAPOLI].

apparroccolare
Intraprendere atteggiamenti amorosi fino a fare sesso sfrenato [CROTONE, NEL SUD].

appizzino
Accendino [BOLLATE, MILANO].

archiviarsi
Andare a dormire quando si è molto stanchi per aver lavorato o studiato tutto il giorno. *Adesso mangiamo, poi ci archiviamo a letto.* [VICENZA].

arrizzare
Tirare su, fare una canna. Da cui il detto *chi arrizza appizza*, cioè chi prepara la canna l'accende (e la fuma per primo). [MILANO].

asciugare

Rubare [Milano]. Anche fare una testa così a qualcuno raccontando cose noiose [Busto Arsizio].

asciugone

Uno che ti riempie di chiacchiere. Anche scroccone, palla al piede. [Milano, Romagna].

asfaltare

Vomitare. Anche riempire di botte qualcuno, o investirlo con l'auto spiaccicandolo sull'asfalto. [Firenze, Roma, Sassari].

attaccare

Marinare la scuola [Milano].

attapirarsi

Rattristarsi. Dalla faccia di quelli che ricevevano il tapiro d'oro della trasmissione "Striscia la notizia" consegnato al personaggio più sfigato della settimana. [Milano].

attassato

Soggetto molto annoiato [Avola (Siracusa)]. In [Sicilia] ◆ **attassare** Congelare per il freddo.

attraversare

Non interessare. *Mi attraversi*, non mi interessi.

B

babbaluga
Over 30 ancorato a uno stile di vita adolescenziale/giovanile [Busto Arsizio (Varese)].

babbare
Rubare. ◆ **babbanza** È il furto.

babbo di pezza
Burattino, pupazzo. In senso più ampio ingenuo, fesso, buono a nulla. SIN.: **babbo di minchia** [Udine].

baccagliare
Corteggiare, tacchinare, cercare di rimorchiare qualcuno. SIN.: **broccolare** [Vigevano].

baccano
Persona poco raffinata, rozza, che ignora le regole del bon ton. L'equivalente di **truzzo, tamarro**, burino. [Rovereto, Trentino].

baglioni
Fare come il Baglioni che si leva dai coglioni = si usa come un commiato

quando si sta per andar via. *Ragazzi io faccio come il Baglioni... ciao.* [FIRENZE]. ◆ **baglionizzarsi** Andarsene [MILANO].

baldocci
Provolone, uno che ci prova sempre [PISA].

balordone
Stato confusionale, annebbiamento mentale derivato da ansia e agitazione. Nel balordone si può finire anche per un uso spropositato di alcol e droghe.

balotta/ballotta
Comitiva esuberante, cricca di amici giovani che si ritrovano per fare casino insieme [BOLOGNA].

bamba
Cocaina. SIN.: **papalina.** [MILANO].

bancheggiare
Star seduti in classe, nei banchi, senza fare niente.

banfare
Barare al gioco, imbrogliare. SIN.: **ladrare.** [GRAVINA (PUGLIA)]. A [VARESE] raccontare balle, millantare.

barcagliare
Corteggiare, cercare di rimorchiare, andar dietro a qualcuno in modo evidente. SIN.: **baccagliare.** [TORINO].

barella
Cocaina, perché chi si fa finisce in barella [MILANO].

barnello
Spinello [MILANO].

barotto
Ragazzo di campagna o collina che in città si sente fuori posto, vestito in maniera ridicola parla con inflessioni dialettali. [ALBA, CUNEO]. SIN.: **truzzo, tamarro, bargio** (a [TRENTO], molto negativo).

baruscare
Falsificare, imbrogliare [VERONA].

battente
Orologio [BOLOGNA].

bdc
Botta di culo (acronimo).

becciare
Pomiciare forte [GENOVA].

bella
Ciao. *Bella raga come va*? Viene da "bella giornata" o "bella prova". [GLOBAL].

berlusconare
Dire e fantasticare cose impossibili.

bernare
Bigiare la scuola [VERONA].

biga
Uomo o donna particolarmente piazzati, alti e robusti tipo Bronzi di Riace. *Guarda quello che biga!* [PRATO (FIRENZE)]. Bicicletta [BRESCIA].

bipper
Il telefonino cellulare.

blagare
Tirarsela, *E dai non te la blagare.* [TORINO].

blastare
Prendere in giro, sfottere senza pietà. Dall'inglese "to blast" = far saltare, distruggere. [ROMA].

blindare
Scoprire, smascherare, arrestare.

blisgare
Scivolare. [MODENA].

bob
Spinello [NELLA PROVINCIA DI NAPOLI].

Bob Marley
Spinello di dimensioni superiori alla media. Dal jamaicano Bob Marley re della musica reggae e della gangja, la marijuana. [NEL CENTRO NORD].

bogartare
Quando uno trattiene per troppo tempo lo spinello che gira tra amici fumandoselo quasi tutto. Viene dalla canzone *"Don't bogart*

that joint, my friend, pass it over to me..." colonna sonora del film "Easy Rider". Il verbo allude anche all'attore Humphrey Bogart che teneva la sigaretta fissa in bocca penzoloni dalle labbra. [Brianza]. sin.: **mangiare il pollo.**

bolla

Delusione, fregatura. Per definire una persona scialba, priva di attrattive o eccessivamente polemica e insistente da risultare sgradevole. *Datti una calmata, sei una bolla!* [Venezia, Treviso]. ◆ **essere in bolla** Ok, va bene. *Come è andata ieri? In bolla!* [Genova].

bomba

Spinello. sin.: **bombastik.** [Abruzzo].

bombare/bombarsi

Fare sesso, farsi qualcuno. *Sara prima se l'è bombata Corrado, ora se la bomba Luca.* Bombarsi vuol dire anche assumere una dose eccessiva di alcol, pillole, ecstasy. *Guarda Claudio, si è bombato di birra.* [Nel Nord].

bonga

Attrezzo per fumare, tipo narghilè. È un tubo di plexiglas o vetro con due buchini che vengono tappati con le dita mentre si fuma. Nel terzo buco viene messa la pipetta con la **mesta** (o **mista**) = fumo + tabacco. Sul fondo del(la) bonga si può mettere acqua o alcol per raffreddare il fumo.

bonza

Eroina. A [Milano]. A [Torino, Asti] = cocaina.

boomare

Accendere lo spinello [Vezia (Canton Ticino)].

borrire

Rimproverare, sgridare con forza. Da cui **borrita** = sgridata, *mi son preso una bella borrita.* [BRESCIA].

bossare

Imbrogliare, rubare. Anche saltare la scuola. [GENOVA].

botta

Sniffata. *Essere sotto botta* = fare un ciclo di anabolizzanti. [ROMA].

bozzo

Volgare, appariscente. *Quello è un posto da bozzi. Gigi ha una moto troppo bozza.* SIN.: **truzzo, tamarro.** [GENOVA].

bozzona

Ragazza procace, molto sovrappeso [FIRENZE].

braga

Folla di ragazzi. Da braghe, ossia pantaloni. Il contrario è **pelo** = vasta presenza femminile. *Vai lì c'è pelo (o braga).* [MODENA].

branda

Tipo enorme, muscoloso e robusto come i bodyguard da discoteca. *Quello è una branda.* [ROMA].

brasa

Fumo, hashish [NEL NORD]. SIN.: **gremo** [MONZA], **pasta/giunto** [BERGAMO].

brasare

Fumare. Anche distruggere, fulminare, inchiodare. *L'ho brasato con uno sguardo.* [PAVIA].

brasca
Canna [NEL NORD].

brenso
Breve + intenso. Come **lunso** = lungo + intenso.

brillo
Privo, non fornito. *Hai un po' d'acqua? No, sono brillo. Hai una siga? Brilla!* **Essere brillo** = essere pulito, lucido, non sotto effetto di droghe o alcol.

brillone
Borghese, fighetto, troppo pettinato e conformista [GENOVA].

bro
Fratello. Scorciamento dall'inglese "brother". Usatissimo come saluto, *Bello bro, come va?*, specie nello slang dei rapper. SIN.: **zio.** [GLOBAL].

bucatino
Uno che si buca, che si fa d'eroina.

buccio
Spinello [TOSCANA].

bugare
Fumare una canna [UDINE].

buiare
Litigare. *Ho buiato con gli amici.* **Fare una buia/essere in buia** = essere in lite. *Sono in buia con i miei e non gli parlo.* [PARMA].

bulo

Forte, ganzo, interessante, figo. Superlativo: **bulissimo.** [UMBRIA].

bumare

Fumare uno spinello [MONZA].

buro/burro

Spinello, canna [PADOVA].

burzona

Ragazza brutta anche sovrappeso. SIN.: **bozzona.** [TORINO].

busta

Ragazza proprio brutta [ROMA]. **Essere una busta** = essere incapaci [MILANO]. **Andare in busta** = andare a dormire [CUNEO, ROMA].

buttare il baco

Corteggiare, provarci. Come lanciare l'amo. [FIRENZE].

C

cabarro
Persona che litiga ogni momento, anche per questioni minime [BRESCIA].

cabbarella
Ragazza poco curata, che si trascura [PASADENA]. SIN.: **Gina**, **Pina**.

cabinotto
Ragazzo con la puzza sotto il naso, fighetto. SIN.: **cabba**, **cabina**. Viene dalle cabine telefoniche che stavano davanti a bar e gelaterie importanti e molto frequentati. [TORINO].

cabottare
Marinare la scuola. Anche **fare cabò**. [MODENA].

cabrio
Scorciamento di cabriolet. Si dice di qualcuno assolutamente sbronzo, quindi aperto, di fuori come una macchina cabrio. [MILANO, VENEZIA].

cagna
Grande stanchezza, fiacca [LIVORNO]. SIN.: **stoia**.

cagnare
Marinare la scuola. Anche rubare. [VOGHERA].

cagnolare
Vomitare. *Quella moto fa cagnolare* = fa schifo, è da vomito. [ANCONA]. Fare casino, fare chiasso come tanti cani [NOVARA].

cagnolo (càgnolo)
Persona avida, gretta, piccola d'animo [POTENZA].

cagone
Persona altezzosa, che si dà arie, che veste tutta griffata [ROMA].

cala
Pastiglia di ecstasy [GLOBAL].

calare/calarsi
Drogarsi. Ingoiare sostanze tipo anfetamine, meta-anfetamine sotto forma di pasticca o capsula. *Mi sono calato una stella* = ho preso un certo tipo di acido. [GLOBAL].

calare il palo
Dare una fregatura, soprattutto a scuola. Quando si è interrogati e la prof fa di tutto per farti andare male. *Quella di mate(matica) mi ha calato il palo. Oggi interrogazione: sicuramente sarà palo!* Al passivo **prendere un palo** = subire un drastico rifiuto in campo amoroso. [CATANIA].

calcina
Cocaina [ANCONA].

caliare

Marinare la scuola. Viene da calìa, semenza che si sgranocchiava in casa per passare il tempo, invece che andare a lavorare o a scuola. [Catania, Siracusa].

calla

Bugia, balla, fregatura. **Dare la calla** = accontentare qualcuno con qualcosa che sembra preziosa ma in realtà non vale nulla [Roma].

callupare

Approcciare, corteggiare qualcuno per mettercisi insieme [Umbria].

calpest

Calpestatore, chi a parole o con i fatti ti può ridurre come un tappetino. Il contrario è **carpet** = tappetino, zerbino, ossia chi si umilia troppo. [Milano].

came-shot

Lattina di birra tracannata di colpo [Torino].

camel toe

Letteralmente zampa di cammello. Si dice quando i pantaloni di una ragazza sono così attillati da disegnare le parti intime, che sarebbero simili alla zampa di un cammello. [Roma].

camionista

Lesbica, una donna molto maschile nell'atteggiamento, molto muscolosa e palestrata [Udine]. sin.: in [Lombardia] **Iveco**, come la marca del camion. Anche **gaia.**

camomillarsi

Darsi una calmata. Molto diffuso tra le giovanissime (n.d.r.). [Busto Arsizio, Roma].

camparizzare

Prendere l'aperitivo, da quello per eccellenza, il Campari. *Andiamo a camparizzare?* = andiamo al bar. [Asti].

cancello

Non avvenente, largo e basso come un cancello. *Quella moto è un cancello* = è brutta e non funziona bene. [Roma]. sin.: **branda, comò**.

caneo

Spinello. sin.: **sturo**. [Padova].

cangurare

Mi cangura = non me ne importa niente, mi scivola addosso. sin.: **mi rimbalza**. [Roma].

cannare

Sbagliare [Milano, Firenze].

cannello

Molto veloce, più potente degli altri, riferito a un mezzo di locomozione [Como].

canotto

Tipa con le labbra e il seno siliconati, gonfia come un canotto. *Guarda quella che canotto!* [Roma].

carniforare

Fare sesso con immenso coinvolgimento e desiderio impetuoso.

carpet
Tappetino, zerbino. Dall'inglese. Persona troppo buona che non sa dire di no. Incapace di ribellarsi, con Welcome tatuato sulla fronte. Derivati: **carpettizzare**, **carpettizzato**, oltre a **zerbinizzare**, **zerbinato**, **zerbinizzato**. [MILANO].

cartola (càrtola)
Persona attraente, in gamba, alla moda. *Ehi sei proprio una gran cartola!* [BOLOGNA].

cartone
Acido, pasticca di Lsd. Da cui **incartonarsi/essere incartonati** = farsi un acido. Anche pugno. *Si è preso un cartone in faccia.* [NEL NORD].

cassa
Sbornia. **Essere in cassa** = essere in stato comatoso, ubriaco. [FERRARA, BOLOGNA].

castello
Spinello di grandi dimensioni, fatto con due o più cartine. [CENTRO NORD].

catafratto
Stanco, distrutto. Dal verbo **catafrangere**. *Stasera sono catafratto.* [UDINE].

catarro
Uno schifo, bruttissimo. Come **cancello**, **branda**, **comò**, **catrame** [MILANO, COMO].

cavalla
Cosa o persona decisamente superlativa. *Ho comprato una macchina cavalla. Hai visto che cavalla?* [NORD].

cavalletta

Fare cavalletta (o **fare cavalla**) = marinare la scuola. [LIGURIA].

cazzarandismo

Sparare cazzate enormi. Da cazzare la randa = tirare forte la vela. Il **cazzarandista** parla e straparla di cose che non sa. [ROMA].

cazzotene

Che cazzo te ne frega. Abbreviazione con storpiamento. [FIRENZE, ROMA].

cecio

Spinello [LIGURIA]. In [UMBRIA] botta, pugno.

cella

Il cellulare [MILANO]. SIN.: **cell** [ROMA], **cellu** [TORINO].

cellona

Bella ragazza [ROMA].

centauro

Cento euro. Per assonanza. [TOSCANA].

ceppo

Spinello [TREVISO, VERONA, CHIETI].

chiattillo

Ragazzo di buona famiglia alquanto atteggiato e griffato. [NAPOLI, CAPRI]. Trionfa ogni sera nel serial tv "Un Posto al sole" (Rai Tre).

chiavico

Figo, uno che ci sa fare con le donne e nella vita. *Sei un chiavico* = espressione di stima, di grande apprezzamento. [BARI].

chicca
Pastiglia di ecstasy [MILANO].

chignolo
Spinello [BERGAMO].

chinato
Fatto, steso. **Essere chinato** = essere fatto di droga. [MATERA].

chiodo
Lento. *Il tuo scooter è un chiodo.* [TORINO]. **Fare chiodo** = marinare la scuola [TOSCANA, UMBRIA]. **Essere nei chiodi** = stare fermi, come il computer che s'inchioda [NEL NORD].

chiudere, essere in chiusura
Essere annoiato, voler stare per i fatti propri, non essere disponibili. *Sono in chiusura!* indica una persona non interessata, che ha bloccato i recettori. *Mi stai chiudendo con questi discorsi* = basta con questa storia. [TORINO, MILANO].

chupa-chups
Lecchino. Un tipo che si comporta servilmente con tutti, dagli insegnanti ai genitori. Dal lecca-lecca. [SALERNO].

cialda
Spinello. SIN.: **pialla, trella, tubo.** [ROMA].

ciarire
Ubriacarsi [UDINE].

cicci
I carabinieri. Dalla sigla CC (Corpo dei Carabinieri). [VARAZZE (SAVONA)].

ciccione
Spinello [Modena].

ciddone
Persona stupida, idiota, che agisce goffamente [Torino, Bari].

cifra
Molto, tanto. *Il cd di Elisa mi piace una cifra.* [Roma]. Anche **cifro**, *mi sono divertito un cifro* [Milano].

cillotto
Tipo sfigato [Roma].

cimurro
Burino, truzzo [Cuneo, Torino].

cincisbiasci
Chewingum, gomma da masticare [Toscana]. sin.: **cingum**, **masticone**.

cinqua
Uno schiaffo, perché si dà con cinque dita [Como].

ciozza
Bugia [Bologna]. Anche tipa troppo montata [Modena].

cippone
Cannone, spinello molto grande spesso a forma di tromba o cono rovesciato [Torino].

cipressetto
Qualcuno dal carattere chiuso, schivo e riservato, riflessivo.

cisi

Ci si vede. Per salutarsi, troncamento. [FIRENZE].

cisti

Esclamazione che vuol dire attenzione, grido per intimare il silenzio, per invitare a calmarsi. *Raga cisti a Madama!* = occhio alla polizia. Indica anche ammirazione e apprezzamento. *Ho comprato le nuove Superga, cisti cisti!!* [TORINO].

citofonarsi

Chiamarsi di cognome. *Come ti citofoni?* quale è il tuo cognome. [ROMA, MILANO].

cliccare

Puntare, toccare con chiara allusione sessuale, da "*Che bel sito che c'hai, te c'hanno mai cliccato sopra?*" di Carlo Verdone. [ROMA]

cofano

Ragazza particolarmente brutta, inguardabile. Sinonimo, cozza. Al contrario, riferito al maschile, l'aggettivo esprime interesse, *in quel bar fanno un aperitivo cofano*, per indicare un buffet ricco. [BERGAMO].

col

Squillo, prostituta. Dall'inglese "to call" = chiamare.

comò

Donna brutta, informe e tozza come un comò. SUPERL.: **comodino**. SIN.: **cesso**, **cozza**, **cofano**. [NAPOLI].

conigliare

Aver paura, cercare di evitare una situazione temuta, specie in ambito scolastico. *Ieri avevo interrogazione, ho conigliato.* [GENOVA, PARMA].

cotizzare
Provarci. Da cui **cotizza** = chi ci sta provando, **cotizzaggio/cotizzing** = atto del cotizzare. Deriva da cotizza, un dolce del lago di Como. [COMO].

cozza
Ragazza brutta, che si attacca in modo soffocante come il frutto di mare allo scoglio. *Qui stasera c'è bassa marea* = qui abbondano le ragazze bruttine, ossia le cozze, che affiorano quando l'acqua è bassa. [TARANTO, COSENZA].

cozzo
Spinello [MODENA].

crastare
Rubare, scroccare [TORINO].

crasto
Bello, figo, forte. Superlativo: **crasto di bestia**. [MILANO].

crecola
Pastiglia di ecstasy. Da cui **increccolato** = strafatto di ecstasy. [TREVISO].

crodo
Spinello [MODENA].

cromato
Fuori di testa. Fuori come la cromatura che si dà all'esterno di macchine e moto. [NAPOLI].

ctm

Cazzi Tuoi Mai. Acronimo. Risposta concisa e lapidaria a domande insistenti e fastidiose, esortazione a farsi i fatti propri. *Che hai fatto a scuola? Ma ctm?* [Parma, Roma].

cuggino

Spaccone, contaballe, che racconta storie inverosimili [Torino]. sin.: **cugi** [Toscana].

culandia/culonia

Lontanissimo. *Ma dov'è questo negozio, in Culandia?* [Roma, Brindisi].

culoide

Fortunato. È usato anche come insulto amichevole. *Come ci sei riuscito? Sei un culoide!* [Novara].

cuppare

Marinare la scuola [Teramo].

cuzzare

Cogliere in flagrante, beccare, scoprire. *Oggi quella di mate(matica) mi ha cuzzato.* [Torino].

D

da cinebrivido
Raccapricciante, choccante. *Visto quello? Da cinebrivido!* [MILANO].

da paura
Moltissimo. Esprime ammirazione, elogio. *Come mi stanno questi jeans? Da paura!* [ROMA]

dare la molla
Mollare qualcuno, scaricarlo, lasciarlo. Soprattutto nelle relazioni sentimentali. *E la tua ragazza? Le ho dato la molla, mi aveva troppo depresso.* [BOLOGNA].

dargliela su
Rinunciare. Dal "give up" inglese. *Vai ancora all'università? No, gliel'ho data su* = ho smesso. [BOLOGNA].

dattero
Cellulare ultimo modello, superpiccolo.

dentiera
La professoressa. Più in generale, una persona anziana.

depry
Storia o persona deprimente. *Cos'hai oggi sei proprio depry!*

di bella
Si,benissimo, alla grande. *Raga si va al cinema? Di bella!* [MILANO].

di prima
(categoria) Moltissimo. Esprime ammirazione e approvazione, riferito a persone, cose e situazioni. *Ti piace la mia nuova moto? Di prima!* ◆ **di ultima** (categoria) è il contrario, *Quello è proprio di ultima* = incapace e meschino. [BOLOGNA].

diera/diero
Spinello [UDINE].

dinosauro
Hashish [PERUGIA].

dobra
Bello, interessante, che va bene. *Andiamo al bar? Dobra!* [MILANO, ROMAGNA].

domopack
Il profilattico. Come la carta di plastica sottile che serve a conservare i cibi.

double victory
Prendere un 4 a scuola. Dalle due dita (indice e medio) aperte a V, simbolo della vittoria.

dredduso
Persona con i *dreadlocks*, treccine di capelli stile giamaicano. [TORINO].

drummata
Una grossa fregatura. [POZZUOLI]. In inglese "drums" = batteria e percussioni. Una batosta insomma.

E

easy money

Esproprio proletario. Dall'inglese, soldi facili. [MILANO, ROMA].

elmo

Il casco della moto. **Fare un elmo** a qualcuno = fargli una testa così, annoiarlo con discorsi poco interessanti. [GENOVA].

emo

Diminutivo di emotivo. Aggettivo che indica qualcosa tutt'altro che duro, tendente un po' al sentimentalismo, o qualcuno vagamente femminile nel senso che mostra un lato un po' più debole e vulnerabile del suo carattere. In generale è dispregiativo. *Più che rock questa canzone è rock emo. Paolo sta diventando un po' emo: fa discorsi strani, si tira un sacco di storie.* [BUSTO ARSIZIO]. Gli emo sono una delle tribù giovanili metropolitane: look mortifero, pallido, strappato e dark della serie quanto è faticosa la vita.

enorme

Bello, fantastico, entusiasmante [TORINO].

er moka

Uno che russa forte [ROMA].

erico

Vecchio. Si dice di persona giovane d'età ma vecchia di costumi. *Non scendi mai, sei proprio un erico!* [SALERNO].

esa

Diminutivo di esaurito. Persona fuori di crapa. [BERGAMO]. A [ROMA] *a esauritoo/a!!* è l'insulto preferito lanciato dai ragazzini in scooter agli automobilisti, nel traffico. Segue "fatti curare" o "fatti ricoverare". *A vecchia, fatti ricoverare!*

esagitata

Ragazza esageratamente bona, secondo i ragazzi di [CASTELLAMARE DI STABIA].

essere alle asse

Essere ridotti male fisicamente dopo una sbornia. Le asse sarebbero delle assi, precisamente quelle che usano i muratori.

essere del gatto

Essere un po' fottuti, sfigati, ma con dignità [PERUGIA].

essere in bolla

Espressione che si usa per dire che si è vestiti bene, oppure che tutto va bene. *Come ti è andata oggi? In bolla!!!* [GENOVA].

evapora!

Va' via, sparisci, togliti dalla mia vista [CANTON TICINO].

F

fagiana

Bella ragazza [Firenze]. ◆ **fagiano** Tontolone, fesso, imbranato. A [Lucca] fagiano = canna. *Ci facciamo un fagiano*?

fagottino

Ragazzo/a che supera i 106/107 chili [Bergamo].

faloppo

Rotto, non funzionante alla perfezione. *Stasera non gioco a calcetto perché ho il ginocchio faloppo.* [Verona].

fanga

Le scarpe.

fango

Soggetto tra il codardo e il traditore.

fare forca

Marinare la scuola [Firenze]. Anche: **fare bollo** [Castellana Grotte], **fare chiodo** [Arezzo], **fare filone** [Napoli]. Anche in [Basilicata] e [Puglia], dove **filonista** è chi spesso marina la scuola, **fare fuga** [Reggio Emilia], **fare fogone/fogonare** [Voghera], **fare sale**

[FOLLONICA], **fare cavalla/cavalletta** [LIGURIA], **fare vela** [CAGLIARI], **fare moia** [LIVORNO].

fasare

Accordarsi, mettere a punto, decidere insieme qualcosa. *Dobbiamo fasarci su che fare.* Dal gergo elettronico.

fastone

Soggetto dal look alternativo, che frequenta la sinistra radicale o i centri sociali [FIRENZE].

fattanza

Stato fisico di completo stordimento con testa pesante e parole senza senso, che viene dopo una sbronza, una mangiata troppo pesante o una giornata di ozio completo. Anche stato di chi si è iniettato una dose di eroina e che, per l'appunto, è **fatto**. [BOLOGNA].

fazzollo

Fazzoletto [MILANO].

ferro

Automobile. Solitamente bella e costosa. *Hai proprio un gran ferro.* [BOLOGNA].

fettone

Personaggio che abitualmente non dice la verità e racconta le **fette**, bugie, per darsi un tono [MILANO].

figa convinta

Ragazza con eccessiva autostima.

figa di legno

Ragazza snob, che si concede con molte ritrosie [SARONNO]. SIN.: **figa d'amianto** [MILANO].

fissa

Cosa interessante, che desta attenzione, esteticamente attraente. *Il tuo stereo è una fissa.* Se riferito a una persona, mette in luce il carattere accattivante e la simpatia. *Marco è una fissa.*

fivettare

Così si autodefiniscono le ragazze che si sottopongono alla FIVET, Fecondazione Artificiale in Vitro. Molto presenti sul Web con siti, forum e dibattiti, con un gergo colorito e sdrammatizzante (vedi **incicognarsi**).

flashare

Si dice a proposito di una cosa, un oggetto che cattura l'attenzione quasi ipnoticamente e con cui ci si fissa in modo prolungato. *Quella scena è troppo flashante. Ti sei flashato con quella canzone?* A uno che da un'ora gioca allo snake del nokia si dice: *ma quel gioco ti ha flashato?* [TOSCANA]. A [ROMA] vuol dire sbagliarsi, letteralmente farsi un diverso flash. *Oh, non sai, ieri al bar mi sono flashato Camilla* = pensavo di averla vista ma non era lei.

flebo

Noia. *Che flebo questa lezione di latino!* [UDINE].

flettosa

Ragazza piatta, senza seno e senza curve. Dall'inglese "flat" = piatto.

flower
Spinello, perché evoca la leggerezza d'animo di cui spesso siamo privati [Bologna].

fly down
Sta' calmo, non ti agitare. Anche per invitare qualcuno a spararle meno grosse [Bergamo]. Dall'inglese "vola basso".

flyer
Bigliettino, volantino. Tiket coloratissimo che annuncia un rave party o una serata in discoteca. Dall'inglese "volare".

fogonare / fare fogone
Darsela a gambe [Voghera].

fogozzona
Ragazza stupida, bruttina e cicciottella che si dà troppe arie o che si atteggia troppo [Firenze].

fomento
Raduno rumoroso e/o aggressivo. *Famo fomento!!* = facciamo casino. Anche quando una persona è galvanizzata dalla situazione. *Sto fomentato a bestia* = sono molto carico. [Roma]

fonzie
Detto di persona che non ha niente da fare, solitamente esibizionista e perdigiorno [Pavia].

frallimone
Stupido, idiota, scemo [Matera].

frate
Fratello [MILANO].

frescone
Giovane bello e interessante [NAPOLI]. Si usa nella [PROVINCIA SUDORIENTALE NAPOLETANA], mentre a [ROMA] vuol dire tonto.

friend
Spinello [CATANIA].

frisby
Organo genitale femminile [BERGAMO].

fulminante
Fiammifero [MILANO].

fumobici
Un ragazzo di colore o un punkabestia che in zona universitaria ferma i ragazzi offrendo spinelli e/o biciclette rubate chiedendo "Fumo? bici?" [BOLOGNA].

fungo
Chi indossa un abbigliamento decisamente superato, ma anche chi è un po' "tagliato fuori" nei comportamenti [LEGNANO].

fuoranza
Stato euforico derivante dall'eccessiva assunzione di bevande alcoliche. Viene anche definito *un fuoranza* una persona che si diverte e conduce vita sregolata. [VERONA]. SIN.: **fuorezza**.

G

g.s.
Già sai, non c'è bisogno che te lo dica, è ovvio. *Cos'hai fatto poi con la tipa? Già sai.* Spesso è usato per esprimere apprezzamento o ammirazione. *Come è andato l'esame? Trenta. Già sai!* [NAPOLI].

gabber
Truzzo alla moda, sempre al passo con i tempi. Discotecaro fissato per la musica hardcore, che spesso cala pasticche e acidi. [SINALUNGA (SIENA)].

gabillo
Tamarro [CAGLIARI].

gaggio
L'equivalente di tamarro. Si usa per persone vestite male o pacchianamente. [CAGLIARI].

galè
Persona che crede di essere furba ma all'esterno palesa tutta la sua idiozia. *Berlusconi è proprio un galè.* [BARI].

gallata
Cosa o situazione particolarmente bella [CREMONA].

gallo
Persona degna di plauso e rispetto. **Essere un gallo** = essere un mito, un grande. Curiosamente ammette anche il femminile. *Sei una galla!* [PARMA].

gana
Voglia. Da cui **sganato** = svogliato. [SARDEGNA].

ganello
Ragazzo montato [FIRENZE].

gangia
Marjuana [MILANO].

gardano
Persona rozza [PADOVA].

garlare
Dire sciocchezze, blaterare di storie sessuali [PAVIA].

garrone
Spinello. **Signor Garrone** nel caso in cui lo spinello sia grande. SIN.: **cimotta, bombastik, zanna.** [PERUGIA].

garzare
Provarci con una ragazza, cominciando a girarle intorno, specie in discoteca [PRATO].

gattinare/essere del gatto
Vomitare, dopo una discreta sbornia. Si usa a [SIENA]. In un noto pub del centro, nel bagno, c'è il cartello "Attento al gatto" [SINALUNGA].

gaurro
Grezzo, truzzo [IGLESIAS].

geografica
Cartina per rollare. *Ce l'hai una geografica per una bomba?* [SESTO SAN GIOVANNI].

ghebi
Carabinieri [VENEZIA].

ghiandare
Fare l'amore [GENOVA].

ghippo
Vomito. *Sto per ghippare.* [PIACENZA].

giabo
Giubbino [BRESCIA].

ginepro
Spinello [GENOVA].

gino
Truzzo. **Gino di ferro** = supertruzzo [PASADENA]. A [PARMA] **Gino/ Gina** = un tipo, una tipa. Spesso usato come sinonimo di "Ehi, tu!", che diventa un semplice *Ginoooo!*.

girotando
Girando per le strade.

givindi
Cocaina [MILANO].

gnagna
Chioma di capelli eccessivamente voluminosa, criniera; capelli, tipicamente maschili, dall'eccessiva lunghezza [Carpi (Modena)].

gnegna
Lesbica [Torino].

gnorry
Sempre di moda [Bologna].

gnugna
Droga molto forte per tossici, eroina. **Avere la gnugna** = essere flosci, non avere voglia di fare niente. sin.: **scazzato**, **smorbio**. [Milano].

goldone
Preservativo. Alcuni fanno risalire l'etimologia a Gold One, marca di preservativi americana usata dai soldati Usa nella seconda guerra mondiale. [Piacenza].

gordo
Figo, bello, divertente soprattutto riferito a cose. [Padova, Veneto].

greffa
Il gruppo di amici con cui ci si ritrova [Sassari].

grima, grimo
Persona anziana, ma che ti sta sulle palle [Udine].

grozzo
Rozzo e grezzo allo stesso tempo. [Como].

gubbiare
Dormire [BOLOGNA].

Guido
Nome generico che indica l'autista dei bus. *Ehi, hai saltato la fermata, Guido!* [TORINO]

guzzare
Trombare. Da cui i sostantivi **guzzata**, **guzzatina**. [BOLOGNA, EMILIA ROMAGNA].

gym
Far ginnastica in palestra. *Vado a fare gym.*

H

homer

Giovane di scarse capacità intellettuali, dedito alla maleducazione, alle sbronze e al rutto libero. Da Homer Simpson, personaggio del cartoon.

homies

Amici [Canton Ticino (Svizzera)].

I

iappa
Pettinatura. Quando uno si fa un taglio di capelli diverso dice: *c'ho la iappa nuova*. Oppure gli si dice: *ma che iappa c'hai?* [PIACENZA].

iccarsela
Marinare la scuola.

imbastito
Ubriaco [CREMONA].

imbroccare
Conoscere una ragazza [FIRENZE].

imbruttire
Guardare male, guardare storto. *Quando le ho detto che avevo un'altra mi ha imbruttito.* [ROMA]. **Imbruttirsi** = arrabbiarsi [MILANO].

impagliarsi
Quando si raggiunge lo stato di animale impagliato, ovvero si vegeta o non si è comunque molto svegli. Si è impagliati al mattino presto prima di fare la doccia, oppure quando non si capiscono le cose al volo. Al contrario **spagliarsi** = svegliarsi, alzarsi dal letto. [NORD ITALIA].

impermeabile

Profilattico [Vezia (Canton Ticino)].

impezzare

Abbordare una ragazza attaccando discorso nei modi e nelle situazioni più disparate, senza però mai risultare sgarbato [Rimini].

impiccare

Bigiare la scuola [Bergamo].

impomato

Imbranato, maldestro, lento, anche di comprendonio. In genere l'impomato viene apostrofrato con "*spòmati*", "*spàgliati*", "*scàntati*". [Parma].

inchiumato

Persona che ha fatto uso di stupefacenti in modo esagerato. *Quello è proprio inchiumato!* [Milano]. A [Salerno] è **inchiummato** = stanco, pesante, intontito.

inciarmare

Architettare qualcosa di maldestro, organizzare, spettegolare, inciuciare [Napoli].

incicognarsi

Rimanere incinta perché arriva la **ciko** = cicogna. Nello slang della ◆ **fivettare.**

incorniciare all'angolo

Incontrare per caso [Milano].

incrocini
Xxxxxxxxxx = Buona fortuna! nella scrittura web. Dal gesto di incrociare le dita.

ingaggiare
Rimorchiare, abbordare qualcuno. *Ho ingaggiato un tipo in discoteca.* Anche prendere in giro, raccontare una balla. *Dici la verità o mi stai ingaggiando?* [Pisa, Toscana].

ingarrire
Farsi prendere bene da una situazione [Ravenna].

inlamare
Catturare con l'amo, far abboccare qualcuno con una bugia [Bologna].

inochito
Detto di persona un po' assente, svagata, con la testa tra le nuvole e l'occhio fisso poco intelligente, da oca [Ravenna].

inscimmiarsi
Imbambolarsi, impallarsi, andarci sotto. Anche concentrarsi su un'attività o su una cosa e farla ripetutamente. Probabilmente deriva dal fatto che le scimmie svolgono azioni sempre uguali... [Roma].

intamato
Persona particolarmente lenta a capire le cose. *Te l'ho spiegato tre volte e non capisci, stai intamato.* [Salerno].

intappo
Abbigliamento particolare, look [Bologna].

interizzare

Rendere intero. Si usa per chiedere una banconota in cambio di monete. *Mi interizzi questi cinque euro?*

intortarsi

Imboscarsi, riferito a due persone che si sono appena conosciute e che non hanno perso tempo a conoscersi nella loro intimità. È un po' come impastare alcuni ingredienti insieme… si uniscono due componenti, l'una confluisce nell'altra. [RIMINI].

invornito

Persona impacciata fisicamente e soprattutto mentalmente. Persona di scarse capacità cognitive, intuitive, deduttive. *Saremmo già arrivati se quell'invornito di Mario non avesse sbagliato strada.* [EMILIA ROMAGNA].

inzaccare

Fare selvaggiamente e violentemente sesso nei luoghi più disparati rischiando di essere osservati dal pubblico [MILANO].

inzifuso

Personaggio dall'aspetto alternativo [DESIO (MILANO)].

iveco

Lesbica. Deriva da una famosa marca di camion. SIN.: **camionista**, **gaia**. [LOMBARDIA].

J

jacaranda

La cubista, la ragazza che balla in discoteca.

jack

(**torna back**), detto di cosa da restituire. Ha lo stesso significato di "Pietro torna indietro". *Vedi questa penna? Si chiama Jack, fa il servizio e torna back.* [Salerno].

jamairo

Sintesi di *già m'hai rotto*, allude al gruppo musicale Jamiroquai.

jappognocca

Bella ragazza orientale [Bologna].

jobba

Cannone puro di gangja (marijuana) [Bologna].

jolla

Spinello. Deriva dall'inglese "joint", anche se la j va pronunciata come in "jean". [Voghera].

jonny
Spinello generico, deriva dall'inglese "joint" [BOLOGNA].

jumpare
Bigiare la scuola [MILANO].

K

kawaii

Parola di origine giapponese usata all'interno dei forum. Indica tutto ciò che è carino, puccioso, per animali e oggetti. [SALERNO].

kinder cereali

Ragazzo con molti brufoli [POZZUOLI].

kosta

La riviera romagnola, la zona delle discoteche da sballo.

krasto

Abbondante nel mangiare e nel fumare.

L

lainz

Spinello [FERRARA].

Lao

Persona imbranata, tonta. Al femminile *sei una Lao*. Deriva dal videogioco Mortal Kombat, dal personaggio Kung Lao che non era molto forte nei combattimenti. [BERGAMO].

lavatrice

Donna non avvenente dotata di sedere preponderante rispetto al resto del corpo. È nato in maniera autoctona osservando le sudamericane che passeggiano in Piazza Duomo. [MILANO]. A [ROMA] si dice **portaerei** = ragazza culona.

lavorare in viale Zara

Avere il palo in Viale Zara = prostituirsi [MILANO].

leso

Persona poco stabile di testa, detto anche in tono scherzoso. *Ciao leso, come stai??*

limone
È il tipo che si circonda di cozze, ossia donne bruttine e appiccicaticce; infatti il limone sulle cozze crude ci sta bene [PUGLIA].

lippe
Fare lippe = marinare la scuola [TRIESTE].

loffo
Scemo, idiota, incapace, impacciato [NAPOLI].

lofia
Ragazza brutta [MILANO].

lol
Ridere a crepapelle. Acronimo di Laughing Out Loud e di Lot Of Laugh. Il rafforzativo è **rotfl**, Rolling On The Floor Laughing = scompisciarsi per terra dal ridere. ◆ **lolloso** Divertente, sfizioso.

lordo
Ubriaco. Da cui **lordarsi** = ubriacarsi. [ASTI].

lotto
Abbreviazione di **cilotto** = il chilum per fumare l'erba [MILANO].

lucidone
È il contrario di **fattone** = dedito all'uso di sostanza psicotrope [ROMA].

M

macbeth

Marocchino, africano di pelle scura. SIN.: **majabba.** [MONZA].

maffo

Aggettivo che indica assoluto disprezzo [VARAZZE (SAVONA)].

makumba

Droga [VEZIA (CANTON TICINO)].

malpassotta

Ragazza non molto alta e con un busto più lungo delle gambe. Poca armonia nel fisico. [TOSCANA].

maluso

Malavitoso, losco [ARESE (MILANO)].

mandarino

Meridionale [ALBA (CUNEO)].

mangiare il pollo

Fumare avidamente una canna, dando la netta impressione di non volerla passare ad altri. Probabilmente l'espressione nasce dal fenomeno di alta vischiosità delle mani che si manifesta dopo aver mangiato il pollo arrosto. Si usa amichevolmente per far notare a un amico che è giunta l'ora di passare lo spinello. *Hai mangiato il pollo stasera? Passa, dai!* [NAPOLI].

mappa
Cartina usata per costruire lo spinello. SIN.: **geografica.** [DESIO (MILANO)].

maraglio
Grezzo nel parlare e nel vestire. SIN.: **coatto**, **truzzo**, **maraffo** [BOLOGNA].

maranga
Colui che è più di un coatto, è l'essenza pura del coatto [ROMA].

maranza
Persona giovane, vistosa e volgare nei modi, prevalentemente di sesso maschile. Equivale a **coatto**, **truzzo**, **tamarro**. Varianti: **capo maranza** = in un gruppo di maranza quello che si distingue in peggio, **maranzino** = ragazzino di 12-15 anni che si atteggia a bulletto e sbruffone. [MILANO, TORINO]. A [PAVIA] maranza = marijuana.

margano
Persona grezza, tamarra, ma allo stesso tempo simpatica. Si dice di chi vuole fare il simpatico a tutti i costi usando spesso parole volgari. [PRATO, LITORALE TOSCANO].

maria
Erba, marijuana [GLOBAL].

mariuccia
Prostituta [VARAZZE (SAVONA)].

marmellare
Rubare, sottrarre con l'inganno. Immagino derivi dall'espressione "sorprendere qualcuno con le mani nella marmellata". [Genova].

mastello
Bello, figo. *Un film mastello. Una moto mastella.* [Sassari].

masticone
Chewingum [Arezzo].

mastrolindo
Persona molto lecchina [Pozzuoli]. Ad [Asti] uomo calvo.

mega
Esclamazione che esprime ammirazione [Savona].

mela
E-mail [Carpi (Modena)].

melochecca
Omo/eterosessuale dai bei modi, appassionato d'opera [Milano].

merolone
Volgare per pene [Torino].

mezza
Canna. Deriva dal fatto che per rollare una canna bisogna usare mezza sigaretta di tabacco. [Bari].

milf
Mother I would Like to Fuck, acronimo. Mamma giovane che mi farei volentieri. [Roma, Firenze].

mina

La mia ragazza. *Stasera esco con la mina.* [GENOVA]. **Tirare una mina** = alzare troppo il gomito, fare troppa festa [TREVISO].

mindrone

Pigro, dormiglione, sciatto, lento nel capire le cose [GENOVA].

mista

Miscela di tabacco e hashish [TREVISO].

misto scogliera

Tutte cozze. Si dice quando commentando gli altri si vedono solo brutti [GENOVA].

moccolona

Persona che a scuola pur di prendere voti alti annienta la propria personalità dando sempre ragione ai professori.

moffo

Hashish [MILANO].

mom

Emme-o-emme, detto di cosa non di marca comprata al mercato: Miezz' O Mercat. [SALERNO].

moneta

Fare moneta = chiedere soldi per strada. Lo fanno i punkabestia. [BOLOGNA, ROMA].

mono

Impennata con lo scooter [VOGHERA].

mortalloso
Entusiasmante, incredibile [CATANIA].

mozz
Motorino [CANTON TICINO].

N

nabbomba

(una bomba), si dice quando una cosa è bella, è fica, spacca. *Ti piace il vestito che mi sono comprata? Nabbomba! Hai visto il tatuaggio di Fabio? Nabbomba!!* [ROMA].

'nargiare

Marinare la scuola. Per una pronuncia corretta bisognerebbe enfatizzare la N. [LECCE].

nassa

Pigro, indolente. *Sei proprio una nassa.* [TOSCANA]. Nelle [MARCHE] cazzata, grande stronzata. *Che nassa!* A [REGGIO CALABRIA] vuol dire casino, affollamento, rissa.

negativo

No. *Sei andato al cinema? Negativo.*

nero

Ubriaco, che ha bevuto tanto. *Guarda quello: è nero.* [BRIANZA].

nettersi

Connettersi. *Ti netti più tardi su Fb?* [ROMA].

neuri
Euro al plurale [MILANO].

neve
Cocaina [AREZZO].

noce
Pesantezza, noia, difficoltà a comprendere, riferito a situazioni e persone. *Che noce! Sei una noce.* [PADOVA].

nonna bis
Bisnonna [ROMA].

novunque
Da nessuna parte.

nuotare
Navigare in Internet [BARI].

nutria
Ragazza che gioca sul proprio aspetto e usa la propria femminilità per imbuonirsi il prossimo. Si usa **nutrella** per le ragazze più giovani. [CUNEO, TORINO].

O

oc
Ok, sì, va bene. Anche **oki**.

oddinico
Cosa stupida, sciocca, strana, balorda. Mutuato dall'inglese "odd". [Torino].

off line
Di fuori, out. Riferito a qualcuno che non capisce. *Quella oggi è off line*, quello che le dici non le arriva. Dal gergo hi-tech.

oneshottare
Annientare al primo colpo, subire un colpo di fulmine o un brutto voto a scuola. *La prof mi ha oneshottato.* Dal gergo dei videogiochi.

orso
Persona molto robusta, grassa e molto pelosa. Nello slang gay/bisex/trasgender. [Roma]

P

pacchione

Persona grassa [MILANO, BIELLA]. A [CATANIA] vuol dire bellissima/o ragazza/o.

paina

Sigaretta [AREZZO]. **Paino** = maleducato, zotico, privo di buon gusto [BRESCIA].

palo

Prendere un palo = subire un duro rifiuto amoroso [SALERNO].

pantano

Si dice di ragazza non bellissima. *Che pantano!* SIN.: **cozza**, **cofano**. [FORMIA].

paolotto

Ragazzo tutto casa e chiesa [MILANO].

paparina

Cocaina [SICILIA].

papero

Ciclomotore, rigorosamente non uno scooter [GENOVA].

papier

Cartina per fare spinelli, dal francese [CHIETI].

pariare

Divertirsi, rilassarsi, star bene, godersi la vita [SALERNO, NAPOLI]. Anche farsi una storia di una sera, baciarsi, limonare senza impegno [NAPOLI]. **Pariare addosso** = prendere in giro [NAPOLI]. **Parioso** = divertente, che fa pariare. *Quel videogioco è parioso!* [SALERNO].

pasqualone

Casco da moto in versione jet [SALERNO].

pasta/pastina

Pasticchetta di exstasy [RICCIONE].

pasturare

Andare a conoscere personaggi dell'altro sesso per intrattenere rapporti, prevalentemente sessuali. *Hai pasturato?* ci hai fatto qualcosa? [DESIO (MILANO)].

pattone

Si dice di una cosa che fa schifo. *Mi fa pattone.* [CREMONA]. A [GENOVA] schiaffone dato di mano e con tutto il braccio.

peleto/a

Qualcosa di ultrafico. Anche esclamazione di ammirazione. *Pelèti i tuoi jeans. Sei stata peleta a risolvere quei quiz!* [BERGAMO].

penzo
Pesante, impegnativo, noioso [CONEGLIANO (TREVISO)].

pepperepè
Spinello. Dal suono della tromba, per tromba si intende canna, da cui pepperepè, spinello. *Fa' nu pepperepè*, fai una canna. [NAPOLI].

perplimersi
Rimanere perplessi [MILANO].

pestaio/pesto
Gran numero di persone. *Al concerto di Vasco c'era un pesto di gente. Sull'autobus c'era un pestaio.* [FONTANAFREDDA (PORDENONE)].

pestellare
Andare dietro a persone dell'altro sesso [TOSCANA].

pettare
Sinonimo di **pisciare** = dare buca, ma mentre pisciare dà l'idea di non presentarsi a un appuntamento, tradendo delle aspettative... la **pettata** suggerisce un rifiuto più esplicito. *Mi ha invitato ma l'ho pettata.* [ROMA]. In [TOSCANA] pettare = diffondere pettegolezzi. ◆ **pettona/petteggiona** Ragazza che sa sempre tutto di tutti e dire una cosa a lei è come dirla al megafono.

pettinato
Persona ben vestita, fighetto [MILANO].

pezzare
Fare i pezzi, belle azioni di calcio alla playstation a scapito dell'avversario [NAPOLI].

pezzarsi

Sudare sotto le ascelle in modo da lasciare una macchia evidente sulla maglietta, simile a una pezza. Bere molto, anche fino ad ubriacarsi. *Sta completamente pezzato.* SIN.: **prendersi una pezza.** [TERAMO].

pezziere

Tocco di fumo [GENOVA].

pezzotto/pezzottato

Contraffatto, falsificato. Il pezzotto è la pezza utilizzata per fare la bucatura alla camera d'aria della ruota del motorino (per non comprarne una nuova!). *Un disco pezzotto* = comprato sulle bancarelle e non nel negozio, *un gol pezzotto* = rubato, in mischia o su un rimpallo, *ci hanno pezzottato* = ci hanno fregato, preso in giro. Il gruppo rap napoletano 99 Posse aveva un dj che si chiamava Kaya Pezz8. [NAPOLI, CAMPANIA].

piallato

Essere rigido mentalmente, non avere flessibilità, fare e pensare sempre le stesse cose risultando pesanti e insostenibili, come se ti fosse passata sopra una pialla. *Quello è proprio piallato.* [MARCHE].

piastrare

Vomitare, specie da ubriachi [PORDENONE].

piazzarotto

Fighetto che va a farsi le vasche in centro e sta in piazza [TREVISO].

piemmare

Contattare con una e-mail, un sms o messenger. Da P.M. ovvero Personal Message.

pigiamino
Il profilattico.

pillare
Rubare, prendere. *Posso pillarti una siga?* posso prenderti una sigaretta? [COMO].

pinciare
Scrivere al computer dandoci dentro. In [VENETO].

pingare
Essere interessati, trovarsi d'accordo. Viene dall'istruzione PING usata sul computer per vedere se un altro indirizzo di PC è attivo. *Non ti pingo* = non mi interessi, *non ci pinghiamo* = non ci troviamo d'accordo su niente. [GORIZIA].

piomba
Sbornia sonnolenta, sonnolenza post pranzo [FERRARA].

piottare
Correre. Anche sudare, *ti piottano le ascelle.* [ROMA].

pirolo
Canna [AREZZO].

pisciare
Dare buca, non fare qualcosa. *Ho pisciato scuola. Ho pisciato Carlo per stasera.* Lasciarsi. *Io e Maria ci siamo pisciati.* [ROMA]

pito
Spinello. [TRENTO]. A [GORIZIA] **pitullo**.

pittiricchia
Tipa sfigata [PIACENZA].

pivetta
Persona che ostenta sempre le sue conoscenze in vari campi, che fa il sapientone in maniera fastidiosa [COMO].

pizzare
Accendere, aprire. *Pizza 'sta birra. Pizza 'sta bomba* = accendi la canna. [IMPERIA].

pizzello
Accendino [COMO].

plaiarsi
Sdraiarsi comodamente sul divano o in spiaggia.

pogare
Spingersi, urtarsi durante i concerti. Ballare in discoteca dandosi delle (più o meno decise) spallate. [TORINO].

polleggiarsi
Camminare con noncuranza verso gli altri, atteggiandosi. Rilassarsi. [RICCIONE]. Da [BOLOGNA] segnalano che **polleggio** deriva dal nome di una lista elettorale studentesca del liceo scientifico Augusto Righi: furono loro a coniare il termine.

ponga
Errore, svarione, cavolata. *Hai fatto una ponga.* [MILANO]

pontare
Bloccare qualcuno addosso al muro per provarci [PADOVA].

porco
Un bel ragazzo. Come “bono” a Roma. [MESSINA].

porra
Droga leggera. SIN.: **porranza, fumello**. [MODENA].

porro
Spinello, canna. [CUNEO].

posello
Posacenere. Storpiamento allegro come **fazzollo** (fazzoletto) e **pizzello** (accendino). [COMO].

positivo
Sì.

potabile
Comprensibile, semplice. *Parlar potabile* = parlar chiaro. A [NAPOLI]. *Parla potabile* si dice a chi parla in modo incomprensibile o inutilmente astruso. A [IGLESIAS (SARDEGNA)].

pottino
Ragazzo di famiglia ricca, o che si atteggia a tale [FIRENZE]. Ad [AREZZO] è **pottone.**

pradaiola
Ragazza vestita Prada, rigore e all black [ROMA].

pregio
Sinonimo di bello, bella storia. *Dov'eri ieri? Al concerto degli After. Pregio!!!* [COMO].

pressa
Chi insiste particolarmente per farti fare qualcosa. *Ti sei messo a pressa. Sei una pressa.* [REGGIO CALABRIA].

printo
Tatuaggio alla moda. Dall'inglese "to print" = stampare.

proffia
La professoressa. Anche **profia.** [GLOBAL].

profiterol
È chi approfitta delle situazioni, specie nel campo degli approcci amorosi. Chi approfitta di star solo con una ragazza per provarci. [ROVERETO].

profumaia
Tipa che la fa annusare ma non la dà [BOLOGNA].

prugna
Ragazza molto molto ma molto pisellabile. Organo genitale femminile. [BERGAMO].

pukka
Ok, d'accordo, va bene [PIACENZA].

pungersi
Drogarsi. Per estensione si usa anche dire *ti pungi?* per sottolineare una corbelleria detta o fatta dall'interlocutore. [MILANO].

punkabestia
Ragazzi "alternativi" che vivono in gruppo e con i cani, e per distinguersi non si lavano [MILANO]. Il popolo dei "no global" o dei

pacifisti con i passamontagna e le spranghe [Firenze]. A [Napoli] punkabestia = **punkammerda,** persona sporca, scroccona e sciatta.

punta

Appuntamento. *Diamoci una punta.* Anche **puntello**. [Roma].

punza

Fidanzata. *Sono la punza di Luca.* [Torino].

puttangiro

Svago serale che consiste nel girare in macchina per luoghi frequentati da prostitute, magari divertendosi a disturbare i clienti appartati [Genova]. A [Foggia] è **puttantour**.

Q

quiko

Un rapporto sessuale molto veloce, una sveltina. Dall'inglese "quick" = veloce.

quizzare

Studiare i quiz di selezione per i vari concorsi pubblici, dalla magistratura al notariato [ROMA].

R

raga

I ragazzi. Le ragazze sono le **raghe**. *Bella raga*! ciao ragazzi. SIN.: **ragaz, rega, regis, gigaz**.

ragna

Ragazza magra che si veste sempre di nero perché ossessionata dalla linea [MILANO].

ramare

Fare sesso [FANO (PESARO)]. A [VOGHERA] ramare = suonare musica "pesante", veloce e dura. Aggettivo: **ramato**.

ranzano

Spinello. In [VERSILIA]. In [TOSCANA] è **razzo**.

rate

Schifo. *Fai rate* = sei disgustoso, fai schifo. [ROMA].

reboncia

Eroina. In [VENETO]. Anche **riboncia**.

rebonzo

Cretino [MILANO].

refacagliuso

Scocciante, petulante, assillante [ROMA].

refare

Verbo dai numerosi significati, peggio del "can" inglese. Vuol dire avere il permesso, riuscire. Oppure reagire alla stanchezza, svegliarsi. O ancora adescare. [ROMA]. A [PADOVA] **reffare** = conquistare un tipo, una tipa.

refer

Il migliore, il più fico. **Megarefer** quando si è il massimo in assoluto.

rere

Acronimo dal latino "relata refero", si dice di una cosa sentita ma di cui non si ha nessuna certezza, di cui non ci si fida. *L'ho sentito per rere. Non fidarti è solo un rere.*

reverino

Partecipante a un rave = raduno musicale clandestino. SIN.: **raver**.

rigatone

Si riferisce al sesso orale, specialmente se con l'ausilio dei denti [GENOVA].

rigovernare

Si dice quando uno va con una ragazza dopo averci provato, quando riesce a portarla a letto [PRATO].

rimastino/a
Giovane sfigato che alle feste non balla, che nessuno lo invita a uscire [Roma].

rimastone/a
40-60enne che mantiene abiti e comportamenti giovanili ma non contemporanei, bensì "rimasti" all'epoca della sua gioventù.

rimbalzato
Respinto all'ingresso di un locale [Milano].

rintalpirsi
Abbioccarsi, appisolarsi volontariamente come una talpa [Ferrara].

robboso
Una persona piatta, noiosa [Milano]. A [Genova] robboso = marcio, sconvolto, da roba = eroina.

robertino
Ragazzo complessato dai genitori. La derivazione è dal film "Ricomincio da tre" di Massimo Troisi in cui c'è il personaggio di Robertino, vittima di mammà. [Napoli].

roito
Ragazzo/a veramente ignobile, bruttissimo [Torino].

ruspare
Essere di ruspo/ruspella = fare sesso, rimorchiare. *Oggi sono di ruspo, reggetemi il gioco, copritemi.*

ruzzare
Spingere, sgomitare. Soprattutto in discoteca o in ambienti piccoli.

ruzzo

Avere il ruzzo = avere voglia di infastidire, di rompere le scatole [FIRENZE].

S

sago
Canna [Udine].

salare
Marinare la scuola [Caulonia (RC)]. sin.: **fare sale** [Follonica], **fare salina** a [Perugia].

saltare
Rubare [Genova].

sancarlino
Ragazzo della Milano bene, fighetto. Diminutivo **sanca**. Viene dal nome del Collegio San Carlo, esclusivo istituto milanese. [Milano].

sarchiotto
Tenero, dolce: lo dice una ragazza riferendosi a un ragazzo [Brescia].

sbalconato
Fuori di testa, sconnesso. Anche **fuori di balcone**. [Torino]. A [Roma] **stare fuori come un balcone**, o **stare fuori come una zucchina**. Al contrario **stare una crema** = stare benissimo, sentirsi in forma.

sbancomattare
Prelevare soldi da uno sportello bancomat [CAMPOBASSO].

sbanfare
Andare in macchina o motorino in parcheggi o spazi aperti a "fare i freni a mano", ossia dare gas e inchiodare con il freno a mano per derapare. Un amico dice a un altro: *vuoi andare a sbanfare?* [LUCCA] A [MILANO] sbanfare = respirare a fatica per il caldo o dopo uno sforzo fisico.

sbarrone
Pisolino, in particolare quello schiacciato sulle barche da pesca [TERMOLI]. Anche canna, a [BARI].

sbatta
Sbattimento, fatica, impegno. *Oggi mi devo fare la sbatta di lavorare fino alle 20. Ho dovuto fare 500 chilometri in macchina, che sbatta!* [BERGAMO].

sbianco
Fare uno sbianco = fare una figuraccia [PESCARA].

sboccare
Vomitare [TOSCANA].

sboldra
Ragazza dai facili costumi. Al maschile **sboldro** = trasandato. [PADOVA].

sborda
Pallonata molto potente.

sbrachegno

Persona amante della vita pantofolaia, eccessivamente rilassato [Roma].

sbrattare

Vomitare in modo pazzesco, per alcool o esagerazioni varie [Roma].

sbrega!

Esclamazione di esultanza per un colpo di fortuna inaspettato [Trento].

sbronzare

Buttare la cenere della sigaretta. Da cui **sbronzino** = posacenere. [Treviso].

sbubba

Eroina [Treviso].

scaccione

Economico. Un posto scaccione è dove puoi bere tanto a basso costo. [Milano].

scagliare

Liberarsi di qualcuno [Milano].

scallapizzette

Ragazza poco carina. Anche **scoglio**, **cofano**, **ciste**, **busta**, **scaldabagno**. [Roma].

scannerata

Una ragazza passata allo scanner, ovvero molto truccata, o rifatta col bisturi.

scavallare
Marinare la scuola. Anche rubare, rapinare qualcuno. [MILANO].

scellone
Persona particolarmente alta, dotata cioè di una grande ascella. [NAPOLI].

schiccato
Chi si presenta la sera senza il/la fidanzato/a, chi una sera non ha qualcuno per uscire [MILANO].

schiodare
Marinare la scuola [AREZZO]. **Schiodarsi** = mollarsi, lasciarsi tra due fidanzati [BOLOGNA].

schiumare
Annoiarsi, rompersi [IVREA].

scialare/sciallare
Divertirsi, rilassarsi, andare in estasi [GLOBAL].

sciallo
Tranquillo, calmo, senza stress. **Stare sciallo** = senza troppi sbattimenti. **È scialla** = la situazione è tranquilla, non c'è motivo di preoccuparsi. Anche imperativo: *sciallati!* [ROMA, NAPOLI].

sciambola
Sfrenato divertimento serale. *Stasera vado in sciambola* = vado a divertirmi alla grande. [MILANO].

scimmia
Manìa, fissazione [GENOVA]. *Avere una scimmia addosso* = essere ubriaco o fatto di droga [UDINE, NAPOLI].

scippata
Vestita male, non alla moda. *Era tutta scippata* = era vestita malissimo. [SALERNO].

sclerare
Impazzire, andar fuori di testa, in seguito a una cosa di cui non se ne può più. *Dopo dieci ore di studio, adesso sclerooo!* [TOSCANA].

scomodo
Persona interessante sia esteticamente che nei modi di fare. [REGGIO EMILIA].

sconigliare
Andar via di nascosto, o decidere di non presentarsi a un appuntamento. *Hai visto Marco? No, penso abbia sconigliato.* SIN.: **conigliare**.

scrafazzare
Schiacciare, calpestare riducendo in frammenti [NEL SALENTO].

screzio
Brutto, orribile. *Quella tipa è uno screzio.* [ROMA].

scrigno
Essere scrigno = essere tirchio, poco generoso, non abbondare nel ciò che si dà [BOLOGNA].

scronda
Ragazza poco attraente o spettinata, struccata, vestita male [ROVERETO].

sdillinata
Nauseata [PALERMO].

sdraiona
Ragazza di facili costumi [Roma].

sdrammare
Far divertire molto. *Mi fai sdrammare!* [Roma].

sdruso
Sorso. *Mi fai dare uno sdruso alla tua birra?* [Milano]. A [Novara] e [Ancona] sdruso = spinello.

sferzare
Sniffare cocaina [Udine].

sfumella
Sigaretta. sin.: **svaporella** [Milano].

sgabole
Storie sentimentali. *Ma hai le sgabole con quello?* = esci con quello, avete una storia? [Lecco].

sgaio
Qualcosa che piace molto [Padova].

sgamare
Corteggiare. [Rimini]. A [Palermo] vuol dire baciarsi senza impegno, da **sgamo** = bacio. **Sgamarsi** = lasciarsi dopo una serata con l'intento di rivedersi. [Milano].

sgamo
Gratis, pagando meno del dovuto o senza pagare affatto. *Entrare di sgamo* = entrare senza biglietto. Anche **sgunfio**. *Stasera si beve a sgunfio.* [Milano].

sgargiare
Sgargiarsela = darsi delle arie, montarsi la testa. Anche spaventarsi o preoccuparsi. *Non arrivavi e mi stavo sgargiando.* [Torino, Milano].

sgarrare
Saltare la scuola [Pesaro].

sgheba
Ragazza carina ma giovane che si atteggia a essere più matura di quello che è. *La Simona è una che sghianderei volentieri ma è troppo sgheba.* [Firenze].

sghiandare
Fare sesso [Firenze].

sgranchia!
Lasciami perdere, non ho tempo, sono molto impegnato non vedi? [La Spezia].

sgravare
Esagerare. *Stavolta hai davvero sgravato.* [Roma].

sguario
Divertimento, relax. Da **sguariare**. *Mi sto sguariando un casino in questo locale!* [Lecce].

sigaretta simpatica
Canna. Come **sbobbone, pallone**. [Bari].

sigarette dell'ikea
Quelle che ci si fa da sé, con cartina corta e tabacco [Genova].

sister
Sorella [Milano].

slamarsi
Darsi una calmata. *Slàmati* = calmati. [Sulmona].

sleeppare
Dormire, fare un riposino, dall'inglese "to sleep" = dormire [Roma].

sludo
Divertimento [Torino].

smagare
Disgustare, averne abbastanza. *Il Magnum dopo un po' smaga. Basta, la De Filippi ha smagato!* [Forlì].

smarrone
Mozzicone di spinello [Genova].

smarzo
Ubriaco, malconcio, sporchino. *Ieri sera ero proprio smarzo.* [Como].

smerigliapalle
Donna pesante, lamentosa, scocciatrice.

smicciare
Guardare senza farsi notare [Nuoro].

sminchiarsi
Annoiarsi, farsi due palle. Anche rompersi. *Mi si è sminchiato lo scooter.* [Milano].

smokkare duro
Fumare uno spinello [Canton Ticino].

snorchi/snorky
Storto. *Tutto snorchi* = tutto storto. Dal personaggio omonimo dei cartoni animati. [Napoli].

sore/soressa
Professore, professoressa [Canton Ticino].

sottanza
Essere più che appassionato di una cosa, quasi a un livello maniacale. *Sono in sottanza con la musica.* Il **sottone** è colui che è in sottanza con una cosa. Quando la passione è per un individuo non si è in sottanza ma **sotto**. *Sono sotto con Margherita.* [Voghera].

spaccapiriti
Perizoma [Ragusa].

spagogna
Persona dal carattere un po' difficile, ostica, acidina, non malleabile. Mi viene da pensare che venga da spago, qualcosa di duro da masticare, ruvido. [Ravenna].

spakkare (spaccare)
Saperci fare, piacere molto. *Dal vivo i Subsonica spakkano. La lasagna spakka!* [Genova].

spannato
Completamente fuso, che non capisce niente [Voghera].

spaponzarsi
Rilassarsi, dintendersi su superficie comoda e accogliente [Genova].

sparare
Saltare una giornata di scuola [Messina].

sparone
Ragazza veramente molto brutta [Montorio al Vomano (Teramo)].

spataccarsi
Divertirsi un casino [Marina di Ravenna].

spippolare
Battere i tasti del computer, lavorare al computer. A [Firenze], dove pippolo = piccolo oggetto.

spipposa
Sigaretta [Ascoli].

splittare
Dividere, dall'inglese "to split" [Brindisi].

sponda
Cartina [Bari].

sprizze
Eroina. Dal tedesco "spritzen" = iniettare [Udine].

spruzzo
Cosa noiosa, deprimente, brutta. *Questa canzone è uno spruzzo.* Deriva dallo spruzzo di eroina. [Milano].

spundarsi

Esagerare in quantità, distruggersi. *Mi sto spundando di studio* = sto studiando troppo. *Ti stai spundando di pasta. Come è andato l'esame? Mi ha spundato!* = mi ha distrutto. [Brindisi, Lecce].

squacquareare

Battere forte per amore. *Il mio cuore squacquarea per te!* [Sarno (Salerno)].

squaglio

Confusione, casino. *Raga facciamo meno squaglio altrimenti si svegliano i miei.* [Cento (Ferrara)].

squanfimo

Ibrido tra squallido e infimo. Indica un locale o un bar non molto pulito e frequentato da gentaglia. *Dai, andiamo a farci un tramezzino allo squanfimo!* Si usa anche per le persone. *Ma quanto sei squanfimo!* [Padova].

squattare

Cogliere in flagrante, scoprire, beccare. Sinonimo di sgamare. [Parma].

squillarsi

Telefonarsi con il cellulare. Anche **farsi uno squillo, trillarsi.** [Milano, Roma]

stampo

Bacio **a stampo** = solo labbra appoggiate sulle labbra [Ferrara].

starci dentro
Essere alla moda, essere "cool". *Bella vecchio, ci stai dentro!* = bravo, sei vecchio ma hai capito tutto. [Bologna].

stare a ferro
Non avere un fidanzato/a da molto tempo [Bari].

stazzo
Incapace, maldestro [Genova].

stica
Per dire "sti cazzi". *Questa maglia costa 50 euri. Stica!!!* (nel senso che costa tanto). [Carrara].

stilosa
Ragazza ben vestita o originale [Milano].

stocca
Cocaina [Udine].

stoppa
Sbronza. *Che stoppa mi sono preso!* [Livorno].

storronare
Annoiare, rendersi insopportabili con chiacchiere noiose o inconcludenti.

strappacornicioni
Donna o ragazza di facili costumi.

strappata
Ragazza che si atteggia in modo eccessivo [Firenze].

streppa
Cocaina [Torino].

stricare
Pomiciare [Siracusa].

strinare
Fregare o essere fregati da qualcuno sul resto. *Mi ha dato 10 euri in meno, che strinata!* Anche bruciare, bruciarsi sul corpo. *Sei tutto strinato.* [Bergamo]. A [Livorno] **strinato** = persona che ha perso il cervello con le canne.

stroppa
Canna [Padova]. A [Caserta] **stroppone**. A [Pescia-Pistoia] **stuppolo.**

svampa
Sigaretta [Padova]. sin.: **svapora, brasca.**

svampare
Fumare [Poggibonsi (Siena)].

svinato
Chi si trova nella momentanea incapacità di intendere e di volere... e farnetica. [Ostia Lido (Roma)].

svomare
Vomitare dopo che ci si è riempiti di alcol [Milano].

T

t-rex

(pronuncia tirèx), tirchio, avaro. *Gigi è un po' T-Rex.* L'origine è duplice: sia l'assonanza con "tirato" (stesso significato), dall'altra il noto dinosauro carnivoro dagli arti superiori eccessivamente poco sviluppati (braccio / braccino corto = avaro). Il termine viene accompagnato da una mimica consistente nel tirare indietro verso il corpo entrambe le braccia, come rafforzativo. [MILANO].

tabasone

Sigaretta [MILANO].

tabbaccata

Spinello troppo carico di tabacco [ROMA].

taffiare

Mangiare tanto e di gusto. Sostantivo **taffiata.** [BOLOGNA].

tagliare

Marinare la scuola.

tagliarsi

Divertirsi, farsi molte risate.

taglio
È qualcosa di molto divertente, che fa sballare. Riferito a situazioni e persone. *Andrea è proprio un taglio! Che taglio!!!* A [Roma] **tajo** = un fico, uno che piace, che è forte, come direbbe Verdone: forse viene da un gergo carcerario, chi ha il taglio sulle guance è il più forte, da rispettare.

tamarindo
Tipo di origine meridionale [Alessandria].

tamarro
Zotico, burino. sin.: **tamocco** [Alto Adige]; **tarro** [Genova]; **tascio** [Palermo], **tazzorro** (tamarro+ zarro).

tamugno
Tosto, massiccio [Cesena].

tapis
Spinello [Varese]. A [Carpi (Modena)] è **tarello**.

taricone
Fare il taricone = pavoneggiarsi, darsi delle arie [Torino]. Da Pietro Taricone, uno dei protagonisti del primo Grande Fratello tv.

taroccarsi
Acchittarsi, vestirsi tirati per una festa.

tartarugato
Addormentato in piedi completamente fumato, privo di riflessi [Reggio Calabria].

tasso
Fighetto, montato, chi si dà arie [FOLIGNO (PG)].

tauro
Palestrato tutto muscoli niente cervello [BOLOGNA].

tazzare
Bere tanto alcol [CANTON TICINO]. Stressare, tormentare parecchio qualcuno per ottenere qualcosa [TRIESTE].

telone
Grossa sbornia, generalmente culminata nel vomito [BARI].

tempo zero
Immediatamente, subito [MILANO].

tipo
Fidanzato. La **tipa** è la fidanzata.

tirolesi
Non gli abitanti del Tirolo, bensì maschi impotenti a cui non tira [MILANO].

tizzone
Spinello [GENOVA].

toccio
Benzina. *Hai fatto toccio?* Suppongo derivi dal verbo tocciare = intingere, immergere. [PORTOMAGGIORE (FERRARA)].

toffa
Punkabbestia o eroinomane.

togo

Di persona bella e alla moda, ricercata, che rivela un gusto proprio, un fascino personale, originale. Superlativo **toghissimo.** [MESSINA, SARDEGNA].

toko

Interessante, molto trendy.

tolla

Cocaina [PAVIA].

tony

Tonto [BOLOGNA].

top!

Esclamazione positiva. SIN.: **Che bistis! Che sburto!** [CONEGLIANO (TV), ROMA].

torcione

Grosso spinello, intenso, che dà misticità [VICENZA].

torpo

Fuori moda, decisamente out [SIRACUSA].

torta

Beffa estrema. Es: subire un goal all'ultimo minuto in una partita di play station fa dire *che torta!!!* **Fare la torta** a qualcuno = dare una bufala. [FERMO (MARCHE)]. A [ROMA] è **intortare.**

trabogano

Ragazza orrenda e antipatica [FIRENZE]. In [ABRUZZO] è **tragno.**

traibbarolo

Chi frequenta i rave con maniacale dedizione, membro di una tribe (o triba = tribù, gruppetto).

tranqua/tranqui

Tranquillo. *Mamma torno presto stai tranqui!* [ROMA].

travello

Transessuale [ROMA].

trella

Spinello. Anche **tubo**. [ROMA].

trescare

Baciarsi tra giovanissimi e pomiciare senza impegno. *Vuoi trescare?* ci si dice in discoteca. E si fa, anche senza essersi mai visti prima. [ROMA].

tricofieto

Ciclomotore [NAPOLI].

trombamico

L'amico con cui si tromba senza impegni sentimentali. Meno di un fidanzato, più di un amico. SIN.: **amico +**.

trumma/trummetta

(tromba, trombetta) spinello [SICILIA]. A [TORINO] e [ROMA] è **tromba**.

trustare

Provarci con una ragazza. Anche **avere un trusto**. [MARANELLO (MODENA)].

truzzo

Discotecaro con capelli a spazzola e zeppe. Zoticone, rozzo. Molto probabilmente deriva dal piemontese trus = torsolo. [Casale Monferrato]. Da [Chieti (Abruzzo)] pensano che derivi dal suono onomatopeico "tuz tuz" identificativo della musica house da discoteca. A [Perugia] **tutzi** = discotecaro.

turnare

Girare, dall'inglese "to turn". *Tùrnica!* = girati! come dicono Aldo, Giovanni e Giacomo. [Genova].

tvb

Ti Voglio Bastonare.

tvtb

Ti Voglio Tirare una Bomba.

U

ub

Un bacio, negli sms [MILANO].

ungere

Prendere a botte. *Se lo pesco lo ungo di brutto.* [GENOVA].

uni

L'università, la facoltà [MILANO].

utonte

L'utente poco navigato, tonto.

V

vaitra
Vai tranquillo, stai calmo [ROMA].

vallo
Molto. *Justine Timberlake mi piace un vallo.* [RICCIONE].

valvola
Ragazza con cui fare sesso facile [CUNEO].

vasapacchio
Lo è chi dimostra una costante ingenuità [GELA (CALTANISSETTA)].

veccia
Spinello [GUBBIO (PERUGIA)].

vedere i film alla radio
Dire cose senza senso [TOSCANA].

veliero
Bong (sorta di pipa ad acqua tipo narghilè) artigianale, costruito sul momento con una bottiglia di plastica. [FERRARA, TORINO].

vento

Fare vento = scappare da un locale senza aver pagato il conto.

vernia

Rabbia mista a risentimento, apatia, sconforto e desiderio incontenibile di prendersela con qualcuno. *Ho una vernia che non mi passa più. Sono inverniato.* Anche **vena.** [BOLOGNA].

viaggio

Appellativo usato per richiamare l'attenzione di qualcuno. *Oh viaggio!* [TORINO].

vincenzo

Fare il Vincenzo = fare il finto tonto [MILANO].

viola

Canna [MILANO]. A [UDINE] viola = intoppo, sfortuna, contrattempo che causa disagio. *Che viola, mi si è rotto il motorino. Oggi non riesco a venire perché ho mille viole.*

viva

Esclamazione accompagnata dal gesto a V con l'indice e il medio. Si usa quando si è sgamati, scoperti, palesemente beccati. [BERGAMO].

vrenzola

Ragazza volgare, dall'abbigliamento trash e i modi sguaiati [NAPOLI]. SIN.: **zora, gina, tamarra.**

W

waita
Aspetta, dall'inglese "to wait". [GENOVA]

Y

yo
Ehi, tu. Saluto amichevole per richiamare l'attenzione di qualcuno. Abbreviazione dell'inglese "you". [Palazzolo Acreide (Siracusa)].

Z

zaca

Casa. È uno slang in cui l'ultima sillaba di una parola di massimo tre sillabe si mette davanti, così casa prima è diventata *saca* e poi storpiata in *zaca*. La lista di parole storpiate allo stesso modo è infinita, es: **drema** (madre), **nogra** (grano), **sgrone** (negro), **sgafi** (sfiga). [Milano].

zaccare

Cadere [Modena].

zaga

Sigaretta. Anche **stizza** e **strucchia.** [Milano].

zainetto

Ragazza poco più che adolescente iscritta a una scuola superiore e per questo identificata con il gadget tipico della sua categoria, lo zainetto [Asti].

zallo

Si pronuncia *zzzzallo* ed è quello che i romani chiamano burino. A [Bari] è **zagno** e **zambo**, con la z aspra. A [Brindisi] **zambro** e **zambrone**. A [Reggio Calabria] **zangreo**. A [Milano] **zarro**. A

[CATANIA] **zaurdo/a**. A [ROMA] **zauro**, sempre appariscente e palestrato.

zama

Sta per **zamarro**, che sta per **tamarro**, che sta per **gaggio**, che sta per **tarro**, che sta per **truzzo**, e vuol dire zoticone, rozzo [TORINO].

zanarino

Sinonimo di fighetto, equivalente del *pariolino* di Roma. Viene dal bar Zanarini, elegante ritrovo sotto le Logge del Pavaglione di Bologna. [BOLOGNA].

zanna

Spinello [PERUGIA]. A [COSENZA] è **zappa**. A [TORINO] è **zars/zarsa**, *Fai una zars?* = fai una canna? A [POGGIBONSI (SIENA)] è **zipillo**. In [TOSCANA] **zuba** o **zubetto**.

zanza

Persona capace di muoversi in ogni situazione nel migliore dei modi [MILANO].

zao

Ciao.

ze, zerella, zerello, zebra, zebrinsky, zero al quoto, zibra

Zero, no, niente da fare, non se ne fa niente. *Quanti soldi ti sono rimasti? Zebra!* [MILANO].

zeba
Grosso, potente. A calcio *tirare una zeba* significa tirare un calcio forte, oppure *è arrivato un tipo... era una zeba* vuol dire che era una persona massiccia, forte. [FIRENZE].

zecca
Appellativo per gli studenti di sinistra intellettuali, vestiti retrò anni Settanta [PERUGIA].

zerda
Freddo. *Che zerda! C'è una zerda polare.* [ASTI].

zincare
Rubare [ROMA].

zio/zia
Equivalente di ragazzo/ragazza senza l'accezione sentimentale della parola. Prevalentemente usato da rappettoni per chiedere qualcosa. *Oh oh zio ce l'hai una sigaretta?*

zipeppe
Deficiente [MILANO].

zipparsela
Sentirsi particolarmente a proprio agio in una situazione, da cui consegue un'euforia e una felicità manifesta. *Me la zippo proprio.* SIN.: **ci sto come un bimbo alle giostre**. [COMO].

zito
Fidanzato [SIRACUSA].

zizar
Sigaretta [TRENTINO]. SIN.: **zizzola.**

zora
Ragazza truccata pesantemente, vestita con pantaloni e magliette aderenti e soprattutto scarpe dalle zeppe altissime. Sinonimo **zaura.** [ROMA]. A [FORLÌ] è **zorra.**

zuccherino
La pastiglia d'ecstasy.

zumpare / fare zumpo
Marinare la scuola. Lo **zumpo** in dialetto è il salto. [BRINDISI].

zurro
Un ragazzo molto permaloso che non accetta scherzi o battute da parte dei compagni. [BRESCIA].

zutte
Le sigarette di contrabbando [MILANO].

Innanzitutto ringrazio
mia figlia Camilla Ugolini
e mio nipote Andrea Mochi Onori,
consulenti fondamentali
di questo lavoro in quanto "giovani".

Poi mio cugino Giovanni Lupi
per i ricordi tratti dal suo romanzo
Contromano (2010, Edizioni Sette Città).

Grazie anche ai colleghi dell'"Espresso"
Beatrice Dondi e Alessandro Gilioli,
inventore del logo "Slangopedia",
che hanno contribuito fin dall'inizio
alla nascita della *Slangopedia* on line
e mi hanno aiutato a farla
crescere in questi anni.

E grazie a tutti i ragazzi d'Italia
che mi hanno consegnato
con tanto entusiasmo le loro parole,
le vere protagoniste
di questo dizionario.

INDICE

Finito di stampare nel mese di febbraio 2015
da C.S.C. Grafica s.r.l. – Guidonia Montecelio (Roma)
(per conto di Banda Aperta s.r.l.)